Sara Haupt

Aus der Reihe: e-fellows.net stipendiaten-wissen

e-fellows.net (Hrsg.)

Band 252

Die Geschichte vom Suchen und Finden in einer digitalen Welt

Ein Überblick und Vergleich von Konzepten zur Suche in und Informationsaufbereitung
von strukturierten und unstrukturierten Datenbeständen

GRIN - Verlag für akademische Texte

Der GRIN Verlag mit Sitz in München hat sich seit der Gründung im Jahr 1998 auf die
Veröffentlichung akademischer Texte spezialisiert.

Die Verlagswebseite www.grin.com ist für Studenten, Hochschullehrer und andere Akade-
miker die ideale Plattform, ihre Fachtexte, Studienarbeiten, Abschlussarbeiten oder Disser-
tationen einem breiten Publikum zu präsentieren.

Sara Haupt

Aus der Reihe: e-fellows.net stipendiaten-wissen

e-fellows.net (Hrsg.)

Band 252

Die Geschichte vom Suchen und Finden in einer digitalen Welt

Ein Überblick und Vergleich von Konzepten zur Suche in und Informationsaufbereitung von strukturierten und unstrukturierten Datenbeständen

GRIN Verlag

Bibliografische Information der Deutschen Nationalbibliothek: Die Deutsche Bibliothek
verzeichnet diese Publikation in der Deutschen Nationalbibliografie; detaillierte bibliografische Daten sind im Internet über http://dnb.d-nb.de/ abrufbar.

1. Auflage 2010
Copyright © 2010 GRIN Verlag GmbH
http://www.grin.com
Druck und Bindung: Books on Demand GmbH, Norderstedt Germany
ISBN 978-3-656-01914-5

TECHNISCHE UNIVERSITÄT DRESDEN

Fakultät Wirtschaftswissenschaften
Lehrstuhl für Wirtschaftsinformatik,
insbesondere Informationssysteme in Industrie und Handel

Bachelorarbeit

zur Erlangung des akademischen Grades
„Bachelor Wirtschaftsinformatik"

Die Geschichte vom Suchen und Finden in einer digitalen Welt. - Ein Überblick und Vergleich von Konzepten zur Suche in und Informationsaufbereitung von strukturierten und unstrukturierten Datenbeständen

Name: Sara Haupt

Bearbeitungszeit: 15.07.2010 - 15.11.2010

Inhaltsverzeichnis

Abbildungsverzeichnis

Tabellenverzeichnis

1 Hintergrund und Forschungsfragen der Arbeit

Das rasante Wachstum des Internets hält kontinuierlich an und verknüpft eine unvorstellbar große Menge an Daten. Schon lange ist es auf eine Größe angewachsen, bei der eine sinnvolle Nutzung ohne automatisierte Hilfsmittel nicht mehr möglich ist. Zwar ist aufgrund der dezentralen Struktur des Internets eine genaue Berechnung des existenten Datenumfangs kaum möglich, erhobene Schätzungen versuchen aber einen Eindruck davon zu vermitteln. So besagt eine Studie der IDC, dass sich die digitalen Informationen bereits 2006 auf 161 Exabyte belief. Vorhersagen über die weitere Entwicklung gehen davon aus, dass diese Masse sich bis 2010 von 161 auf 988 Exabytes mehr als versechsfacht hat. Außerdem ergab die Studie, dass ca. 95% der Daten im Internet in unstrukturierter Form vorliegen. Diese nutzbringend zu verarbeiten, stellt eine große Herausforderung dar (Gantz, 2007). Eine effektive Suche nach relevanten Informationen in dieser digitalen Welt bildet den Grundstein der Informationsgewinnung.

Kurz nach der Erfindung des World Wide Webs galt in den Jahren 1991 bis 1994 das "Browsen" als die dominierende Fortbewegungsmethode in diesen Netz. Parallel dazu entwickelten sich die ersten Webcrawler, welche die Dokumente des Internets automatisch durchsuchen und in Datenbanken indexierten. Die automatische Volltextsuche wurde möglich. Mit dieser neuen Option wandelte sich das Suchverhalten der Nutzer. Anstatt zu erraten, welche Listeneinträge am passendsten sind, konnten nun Suchbegriffe eingegeben und die Relevanz einzelner Treffer einer Ergebnisliste überprüft werden. Die Geschwindigkeit des Suchens wurde durch dieses neue Konzept erheblich erhöht, nicht aber die Geschwindigkeit des Findens. Denn auch die Anzahl der potentiell relevanten Ergebnisse stieg deutlich an (Buzinkay, 2006, S. 177).

So durchsuchen Webcrawler stetig das Netz nach relevanten Informationen. Doch bleibt ihnen der größte Teil des World Wide Webs verborgen und nur ein Teil der tatsächlich vorhandenen Dokumente kann gefunden werden. Darüber hinaus liefert eine konkrete Suchabfrage eine so unfassbar große Menge an Treffern, dass die Wahrscheinlichkeit eines Fundes beim ersten Ergebnis der Wahrscheinlichkeit eines Lottogewinns nahe kommt. Durch Mehrdeutigkeiten im Text, die Komplexität und die schiere Masse des WWW stoßen traditionelle Suchmaschinen schnell an ihre Grenzen (Sack, 2010, S. 14).

Im Verlauf dieser Arbeit wird der Unterschied zwischen "Suchen" und "Finden" anhand einer Case Study dargestellt. Dabei wird die Sucheffizienz verschiedener Onlinesuchmaschinen mithilfe der notwendigen Klickanzahl bis Fund nach Eingabe einer Suchabfrage überprüft. Die dabei gewonnenen Erkenntnisse bilden die Basis für eine Übersicht der verschiedenen Maschinen sowie ihrer Funktionsweisen und Eigenschaften. Abschließend werden die wichtigsten Zusammenhänge in einem Fazit kumuliert aufgezeigt und es wird ein Ausblick auf die weitere Entwicklung gegeben.

Es sollen folgende Forschungsfragen in dieser Arbeit beantwortet werden.

1. Inwieweit sind bestehende Suchkonzepte für das Internet geeignet?

2. Welche Suchkonzepte existieren derzeit und welche Trends werden verfolgt?

3. Welche Suchmaschinen erweisen sich bei einer Fallstudie mit multiplen Cases menschlicher Suchanfragen am geeignetsten?

Die folgenden Hypothesen werden durch die Antworten auf die Forschungsfragen bestätigt oder widerlegt. Zur ersten Frage ist anzunehmen, dass die bisher bestehenden Suchkonzepte eher ungeeignet sind. Für die zweite Frage wird angenommen, dass die meisten Maschinen immer noch auf dem klassischen Information Retrieval der Suche in strukturierten Datenbeständen basiert und nur wenige der neuen Konzepte einer semantischen Suche implementieren. Bezüglich der dritten Forschungsfrage wird vermutet, dass die neueren Suchkonzepte besser geeignet sind, um präzise Suchanfragen zu beantworten. In Abbildung 1 ist visualisiert, wie sich die Forschungsfragen und Hypothesen in den Forschungsrahmen dieser Arbeit eingliedern. Forschungsfragen wurden mit einem "F" veranschaulicht und Hypothesen durch ein "H" in der Darstellung gekennzeichnet

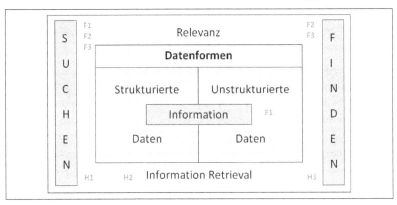

Abbildung 1: Forschungsframework (eigene Darstellung)

Das Ziel dieser Arbeit ist es, einen Überblick bereits bestehender oder noch in Entwicklung befindlicher Konzepte zur Suche in strukturierten und unstrukturierten Datenbeständen zu geben. Zu diesem Zweck werden diese Konzepte im ersten Teil der Arbeit ausführlich betrachtet und erklärt, während im zweiten Teil ein Vergleich derzeit bestehender und populärer Suchdienste mit Hilfe einer Case Study durchgeführt wird. Die Motivation dieser Vorgehens besteht darin, vorhandene wichtige Literaturquellen aus diesem Bereich zusammenzuführen, zu strukturieren und anschließend den Testergebnissen gegenüber zu stellen.

Eine relevante Literaturquelle dieser Arbeit ist insbesondere Rowley, 2007, welche den Zusammenhang von Daten, Informationen, Wissen und Weisheit illustriert und somit eine Art der Differenzierung von Suchen und Finden ermöglicht. Ein umfassender Vergleich von Lewandowski,

2005 dient der Unterscheidung der Stukturen von Datenbeständen in Kap 2.2. Hartmann, Näf & Schäuble, 2000 unterschieden in ihrem Buch zwischen verschiedenen Arten der Relevanz, was für die Beurteilung der Treffenqualität von Suchmaschinen von großer Bedeutung ist. In vielen Quellen sind die unterschiedlichen Arten von Suchmaschinen und ihre Funktionsweisen beschrieben. Stellvertretend sollen hier Bischopinck & Ceyp, 2009 und Erlhofer, 2008 als besonders wichtige Werke genannt werden. Eine in Riemer & Brüggemann, 2007 gegebene Zusammenfassung der personalisierten Suchkonzepte, bildet das Grundgerüst des ersten Teils des vierten Kapitels. Für den zweiten Teil, welcher sich dem Semantic Web widmet, sind unter anderem Schmaltz, 2004, und Sack, 2010 wichtige Quellen.

Zu Beginn der Arbeit werden die grundlegenden Begriffe Information Retrieval, Relevanz, Suchen und Finden betrachtet. Außerdem wird auf den Unterschied zwischen einer Suche in strukturierten und unstrukturierten Datenbeständen eingegangen. Dieses Kapitel bildet die Basis dieser Arbeit und erklärt Begriffe und Konzepte, die im weiteren Verlauf eine entscheidende Rolle spielen.

Die weiteren Ausführungen gliedern sich in die Abschnitte "Suchen" und "Finden". Der erste Teil der Arbeit beschreibt die verschiedenen Konzepte der klassischen Suchmaschinen. Zunächst werden der Aufbau, die Funktionsweise und die Suchmechanismen der klassischen Volltextsuchmaschinen beleuchtet. Anschließend werden die Schwachstellen dieser Technik näher betrachtet und Lösungsansätze vorgestellt.

Der zweite Teil der Arbeit widmet sich neueren Suchkonzepten. Dieser Abschnitt der Arbeit trägt den Titel "Finden", da er die technischen Neuerungen einiger Suchdienste vorstellt. Diese haben das Ziel, die Suche möglichst schnell und effizient mit einem Fund zu beenden. Zuerst werden personalisierte Suchkonzepte vorgestellt. Hierbei wird die Suche durch Informationen über den suchenden Nutzer unterstützt. Ist der Kontext, in welchen die Suche durchgeführt wird bekannt, zum Beispiel durch Nutzerprofile, so können relevante Webseiten leichter gefunden werden.Später in diesen Kapitel wird auf die Entwicklungen des "Semantic Webs" eingegangen. Dieses hat zum Ziel, Zusammenhänge der Daten untereinander und die Semantik der Suchanfrage zu erkennen und die Qualität der Ergebnisse somit wesentlich zu verbessern.

Nachdem im dritten und vierten Kapitel die wesentlichen Konzepte einer Suche in strukturierten und unstrukturierten Datenbeständen vorgestellt und ausführlich erläutert wurden, folgt im Kapitel fünf eine Case Study. Diese vergleicht die Antworten ausgewählter Suchmaschinen mit Hilfe von drei verschiedenen Testfragen. Dieser Vergleich verdeutlicht die Unterschiede zwischen den einzelnen Suchdiensten und ihren Technologien.

Das abschließende Kapitel zeigt grundlegende Zusammenhänge auf und gibt einen Ausblick auf die weitere Entwicklung von Suchmaschinen und ihren Technologien.

2 Grundlegende Begriffe

2.1 Suchen oder Finden

Der Titel dieser Arbeit "Die Geschichte von Suchen und Finden in einer digitalen Welt" wirft die Frage nach dem Unterschied zwischen klassischen Suchmaschinen und modernen, kontextorientierten Suchkonzepten auf. Prinzipiell wäre eine Maschine in dem Moment eine Findemaschine, wenn sie die Frage des Nutzers so beantwortet, dass dies die Suche beendet. Bisherige Suchmaschinen liefern auf eine Suchanfrage hingegen nur Unmengen an Daten und können dennoch nicht garantieren, dass die Anfrage damit vollständig beantwortet wird. Es existieren aber bereits kontextorientierte Konzepte, welche einer Findemaschine näher kommen als bisherige Systeme. Im Folgenden wird der Unterschied zwischen Suchen und Finden mit Hilfe der Data-Information-Knowledge-Wisdom (DIKW) Hierarchie erklärt. In diesem Rahmen können verschiedene Beispielmaschinen geordnet werden.

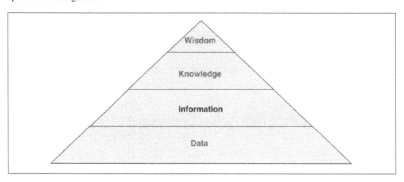

Abbildung 2: The DIKW hierarchy (Rowley, 2007, S. 2)

Die DIKW Hierarchie visualisiert den Zusammenhang von Daten, Informationen, Wissen und Weisheit. Daten bilden die Basis dieser Pyramide. Aus ihnen können später Informationen generiert werden, welche die Grundlage für Wissen bilden. Die Spitze der Pyramide, die Weisheit, kann wiederum nur über Wissen erreicht werden (Rowley, 2007, S. 2 ff). Um verschiedene Suchkonzepte in diese Hierarchie einordnen zu können, werden die einzelnen Stufen (Daten, Information, Wissen und Weisheit) und die Übergänge zwischen ihnen im Folgenden näher betrachtet.

Daten sind das Produkt von Beobachtungen. Sie sind nicht nutzbar, bevor sie nicht in eine sinnvolle Struktur gebracht werden. Es fehlt ihnen sowohl an Wert als auch an Bedeutung, wenn sie ohne Kontext oder Interpretation vorliegen (Vgl.Ackoff, 1989; Groff & Jones, 2003). Beispielsweise beinhaltet eine Kundendatenbank Daten. Alle Fakten, die über Kunden bekannt sind, zum Beispiel Name, Adresse und gekaufte Produkte, werden darin eingetragen. Die Tabelle als Gesamtheit betrachtet, bringt Menschen keine Informationen, da diese nicht alle Einträge auf einmal überblicken können.

Informationen sind aggregierte Daten, die eine Bedeutung, Relevanz oder ein Ziel haben. Diese entstehen durch Klassifizierung, Sortierung, Aggregation, Berechnung oder Selektion. Dabei entscheidet jedoch der Mensch als Konsument, ob konkrete, einzelne Dokumente für ihn Daten oder Information sind. Um von Bedeutung zu sein, müssen diese mit seinen bereits gesammelten Erfahrungen oder anderen Daten in Beziehung stehen (Vgl.Curtis & Cobham, 2005; Groff & Jones, 2003). Aus der bereits erwähnten Kundendatenbank können beispielsweise Informationen gewonnen werden, indem man sich alle Kunden einer bestimmten Stadt ausgeben lässt. Die Information für den Menschen wäre in diesem Falle die Anzahl der Kunden in dieser Stadt.

Wissen entsteht aus Daten und Informationen. Während Daten Objekten zugehörig sind, tragen Menschen das Wissen in sich. Es ist das Verständnis für ein spezielles Themengebiet, welches durch Lernen und Erfahrung gewonnen wurde und Menschen in die Lage versetzt, Entscheidungen besser fällen zu können (Vgl.Chaffey & Wood, 2005; Boddy, Boonstra & Kennedy, 2005; Awad & Ghaziri, 2004a). Es kann dabei zwischen explizitem Wissen, welches in schriftlicher Form vorliegt oder welches artikulierbar ist und implizitem Wissen, welches in Form von Erfahrungen jedem Menschen zu eigen ist, unterschieden werden (Vgl.Awad & Ghaziri, 2004b; Laudon & Laudon, 2006). Computer sind nicht in der Lage implizites Wissen auszugeben, da dies auschließlich einem konkreten Menschen zugehörig sein kann. Explizites Wissen ist jedoch generierbar. Wenn implizites Wissen durch Verschriftlichung durch Menschen einmal urbar gemacht wurde, so kann dies von Computern gespeichert und verknüpft werden. Dadurch kann unter Umständen neues Wissen generiert werden. Beispielsweise hat der Geschäftsführer eines Unternehmens die Möglichkeit mit Hilfe besagter Kundendatenbank, Veränderungen im Kaufverhalten der Kunden einer Region über mehrere Jahre hinweg zu verfolgen. Die Datenbank gerneriert dieses Wissen intern durch die Kombination verschiedener Datensätze.

Weisheit ist gesammeltes Wissen, welches das Verständnis dafür bringt, Konzepte einer Wissensdomaine auf Situationen oder Probleme, die in einem anderen Kontext stehen, zu übertragen. Weisheit hat einen starken Bezug zur menschlichen Intuition, Interpretation und dem Verständnis der Dinge (Vgl.Jessup & Valacich, 2003; Jashapara, 2005). Sie gehört nach Auffassung der Autorin exklusiv dem Menschen. Durch seine gesammelten Erfahrungen und dem, aus der Datenbank gewonnenem Wissen, ist ein Geschäftsführer in der Lage, Entscheidungen über die weitere Unternehmensstrategie zu fällen. Einer rein computergestützten Entscheidung ist abzuraten.

Einige Eigenschaften der Ebenen der Hierachie ändern sich von Stufe zu Stufe. Wie in Abbildung 3 dargestellt, steigen zum Beispiel Wert, Struktur und Bedeutung in jedem Level. Auf der anderen Seite verringert sich die technische Umsetzbarkeit gegenläufig.

Die Resultate von Suchmaschinen bewegen sich zwischen Daten und Weisheit. Nach der Definition der Encyclopaedia Britannica ist eine Suchmaschine ein Computerprogramm, das Antworten auf Anfragen in einer Sammlung von Informationen finden soll. Die Sammlung kann ein Bibliothekskatalog, eine Datenbank oder das World Wide Web sein. Eine Suchmaschine für das Web generiert eine Liste von Seiten, also Dokumenten im Web, die die Terme der Anfrage enthalten

(Vgl.Encyclopaedia Britannica, 2009). Die Herausforderung einer jeden Suchmaschine besteht nun darin, Suchergebnisse zu liefern, die einem möglichst hohen Level der DIKW Hierarchie gerecht werden, um auch wirklich eine Antwort zu liefern und nicht nur eine Ergebnissammlung.

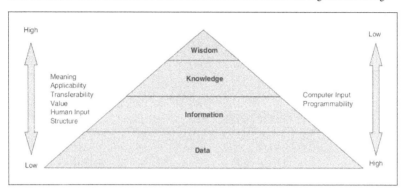

Abbildung 3: The wisdom hierarchy (Rowley, 2007, S. 14)

Es muss angemerkt werden, dass in der Literatur sowohl uneinheitliche Definitionen der Stufen der DIKW-Hierachie zu finden sind, als auch verschiedene Ansichten über die Übergänge zwischen ihnen (Vgl. (Rowley, 2007, S.13)). Im Rahmen dieser Arbeit wird davon ausgegangen, dass Daten, Informationen, Wissen und Weisheit auf einem Kontinuum liegen. In dessen Verlauf nehmen Strukturiertheit und Bedeutung stetig zu.

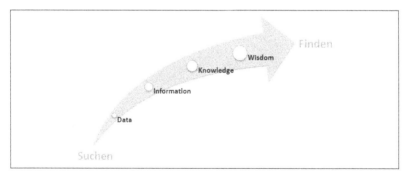

Abbildung 4: Die Weisheitspyramiede als Kontinuum zwischen Suchen und Finden (eigene Darstellung)

Mit Hilfe dieses Konzeptes sollen nun verschiedene Suchmaschinen nach der Qualität ihrer Dokumentenaufbereitung differenziert werden. In der Literatur besteht der Konsens, dass strukturierte Daten Informationen darstellen. Daher können Informationen nicht nur im menschlichen Geist, sondern auch in Informationssystemen gespeichert werden (Rowley, 2007, S. 12 ff). Eine Suchabfrage liefert nach einem suchmaschineninternen Ranking sortierte Dokumente. Da die Daten somit in einem Kontext stehen und strukturiert wurden, kann davon ausgegangen werden, dass es sich bei den Ergebnissen mindestens um Informationen handelt. Jedoch können durch die Probleme der

Volltextsuche (Vgl. Kapitel 3.3.1) auch irrelevante Dokumente geliefert werden. Ungeklärt bleibt daher aber, ob die Ergebnisse für einen konkreten Suchmaschinennutzer informativ sind oder nur Daten darstellen. Die an der gegenüberliegenden Seite des Kontinuums liegende Weisheit kann nicht von Informationssystemem geliefert werden. Es ist allerdings möglich, explizites, in schriftlicher Form vorliegendes Wissen zu finden und den Zugang zu impliziten Wissen zu erleichtern.

2.2 Struktur von Datenbeständen

Daten können in dem Grad ihrer Strukturiertheit differieren. Prinzipiell kann zwischen strukturierten und unstrukturierten Daten unterschieden werden. Dabei können strukturierte Daten in Datenbanken gespeichert werden. Sie liegen in Textform vor und besitzen Metadaten, mit deren Hilfe sie wieder auffindbar sind. Unstrukturierte Daten hingegen können potenziell in jedem möglichen Dateiformat vorliegen und lassen sich daher auch nicht direkt in ein Datenbankensystem einordnen, es sei denn, ihnen werden Metadaten zugeschrieben (Vgl. Kapitel 4.1.1). Unstrukturierte Daten können als E-Mails, Präsentationen, Grafiken, Videoformaten oder Audiodateien in jeglicher Variante vorliegen (Blumberg & Atre, 2003, S. 42).

Die Struktur der Daten im World Wide Web unterscheidet sich substanziell von denen, welche in klassischen Datenbanken vorherrschen. Der Umfang der in Internet vorhandenen Dokumente kann nicht erfasst werden und es ist für keine Suchmaschine möglich, auch nur annähernd alle Webseiten zu indexieren. Allein die Tatsache, dass neue jeden Tag hinzukommen, macht dieses Unterfangen unmöglich (Broder et al., 2004, S. 1). Bei der Suche in klassischen Datenbeständen besteht dieses Problem nicht. Schon bei der Planung dieser wird die Datenmenge beschränkt, weshalb das Auffinden neu eingepflegter Dokumente hier unproblematisch verläuft (Lewandowski, 2005, S. 5).

Erschwerend für die Suche im Netz sind die unterschiedlichen Strukturen, Sprachen und Dateigrößen. Die Dokumente des Internets können prinzipiell in jeder Sprache verfasst sein, was eine inhaltliche Erschließung über Sprachgrenzen hinweg mit Volltextsuche schwierig macht. Auf der anderen Seite herrscht in lokalen Datenbeständen meist nur eine Sprache vor. Davon abweichende Dokumente werden mit einheitlichem Vokabular durch die Datenbank indexiert und angesprochen. Auch sind die Dateigrößen und Längen der Dokumente einer Datenbank determiniert. Im Web hingegen sind Dokumente mit stark variierender Textlänge die Regel. Es existieren Webseiten mit nur ein paar Wörtern neben Dokumenten, welche ganze Bücher beinhalten (Lewandowski, 2005, S. 6). Obwohl der HTML-Standard über eine vorgegebene Struktur verfügt, gelten Inhalte von Webseiten als typische unstrukturierte Dateien. Dies ist damit zu begründen, dass Webseiten Links und Verweise zu externem, oft unstrukturiertem Inhalt, wie Bildern oder Animationen, beinhalten (Blumberg & Atre, 2003, S. 43).

Das stark differierende Suchverhalten der Benutzer ist ebenso ein entscheidender Fakt. Anfragen an Datenbanken beziehen sich in der Regel auf ein spezifisches Themengebiet. Die Anfra-

gesyntax in Datenbanken sind komplizierter, weshalb die Nutzer eine Schulung der Abfragesprache benötigen. Dafür sind komplexere Eingaben möglich, da dem Nutzer zahlreiche Modifikati-
onsmöglichkeiten zur Verfügung stehen. Dem Suchenden im Internet stehen nur wenige Suchoptionen zur Verfügung, dafür erfolgt die Eingabe im Suchfeld intuitiv und benötigt keine Schulung.
Die Fragestellungen im Netz variieren stark. Oft kommt es zu fehlerhaften Eingaben, so dass das
Finden zusätzlich erschwert wird. (Lewandowski, 2005, S. 5ff).

Auch der Zweifel an der Qualität der gefundenen Dokumente besteht in Datenbanken nicht, da alle
Dokumente vor ihrer Aufnahme geprüft werden können. Suchmaschinen des Internets hingegen
versuchen die Relevanz der Dokumente durch Algorithmen zu bestimmen und somit Qualität zu
liefern. Trotzdem werden die Ergebnislisten von unerwünschten Inhalten und doppelten Einträgen
dominiert. In Datenbanken können Dupletten durch Kontrolle beim Erfassen verhindert werden
(Lewandowski, 2005, S. 6ff).

2.3 Unterschiedliche Arten der Relevanz

Häufig arbeiten Suchmaschinen nicht zufriedenstellend für den Nutzer. Denn auf eine Anfrage
liefern sie eine sehr große Menge an Informationen. Ob es sich dabei aber um für den Nutzer
relevante Informationen handelt, bleibt unbeachtet.

In diesem Kontext soll ein Dokument als relevant bezeichnet werden, wenn es bei einer Recherche
gefunden werden soll. Dabei gilt es, drei unterschiedliche Arten der Relevanz zu unterscheiden.
Die *subjektive Relevanz* wird vom Ersteller der Suchabfrage direkt wahrgenommen. Dieser versucht ein Informationsbedürfnis zu stillen. Je besser dies mit Hilfe der gefundenen Dokumente
gelingt, desto höher ist die Relevanz für den Nutzer. Dabei ist es allerdings fast nicht möglich
eine Suchabfrage zu formulieren, welche das Informationsbedürfnis exakt repräsentiert. Die *objektive Relevanz* stellt die Stärke der Verknüpfung zwischen Abfrage und Dokument dar. Sie kann
beispielsweise von Experten eines Fachgebietes bestimmt werden. Eine Information ist objektiv
relevant, wenn sie tatsächlich zur Schließung einer Wissenslücke beiträgt. Die *geschätzte Relevanz* wird von Suchmaschinen genutzt, um die gefundenen Ergebnisse einer Abfrage zu sortieren.
Ähnlich der objektiven Relevanz, stellt sie eine Beziehung zwischen Dokument und Suchabfrage
dar und wird mit verschiedenen Algorithmen durch das Suchsystem berechnet (Hartmann et al.,
2000, S.35).

Die Suchmaschinen der Zukunft müssen daher lernen, sich an Bedürfnissen ihrer Nutzer zu ori-
entieren und so die subjektive Relevanz in das Zentrum der Suche zu rücken. Das sogenannte
"Stewardship-Modell" soll umgesetzt werden. Dieses Modell besagt, dass die Suchmaschine nicht
nur die offen geäußerten Bedürfnisse des Anfragenstellers bearbeiten soll, sondern auch die impliziten, versteckten Wünsche. Anstelle einer riesigen Menge von Informationen, sollen bedarfsge-
rechte Portionen geliefert werden. Dies kann sowohl der Steward als auch die Suchmaschine nur
dadurch erreichen, indem sie sich im Vorfeld Informationen über den Nutzer einholt. Menschen

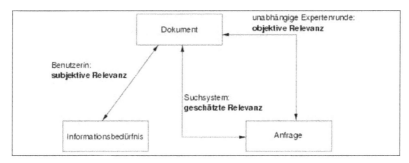

Abbildung 5: Relevanz von Dokumenten (Hartmann et al., 2000)

zeigen unterschiedliche Vorgehensweisen bei der Informationssuche. Beispielsweise kumulieren manche Personen Informationen, indem sie immer mehr der selben Art suchen. Andere bevorzugen es zu differenzieren, was bedeutet, dass sie nach Abweichungen und Alternativen suchen. Es ist die Aufgabe einer guten Maschine, Neigungen wie diese zu analysieren und die Suchergebnisse mit den gewonnenen Erkenntnissen zu verfeinern (Eberspächer & Holtel, 2006, S.3ff).

2.4 Information Retrieval

Obwohl die Idee des Information Retrieval relativ alt ist, schon 1975 wurden erste Versuche in Richtung der automatischen Indexierung unternommen, nahm dessen Bedeutung jedoch erst mit dem Wachstum des World Wide Web und dem Bedarf nach ausgereiften Suchmaschinen zu (Hotho, Nürnberger & Paaß, 2005, S.23ff). Das klassische Information Retrieval findet Dokumente in Datenbanken aufgrund von Stichwörtern, die als Metadaten zu den jedem Dokument gespeichert wurden, wieder. Dieses, an das Karteikartensystem in Bibliotheken angelehnte Vorgehen sollte es später auch ermöglichen, Dokumente im Internet zu finden. Die Möglichkeit, die Stichwortvergabe den Web-Autoren zu überlassen, erwies sich allerdings als unzuverlässig und nicht valide. Dies ist der Grund weshalb sich heutige Suchmaschinen auf automatische Indexierung stützen (Brooks, 2003, S. 1).

Information Retrieval erschließt Informationen, indem es Dokumente findet, welche Antworten auf gestellte Fragen beinhalten. Somit gewährleistet es missverständlicher Weise nicht das Wiederfinden von Informationen. Es findet nur Dokumente, von denen angenommen werden kann, dass sie die gewünschten Informationen enthalten (Haruechaiyasak, 2007, S.15). Diese werden in der Regel in Form einer Liste dargestellt, aus welcher der Nutzer dann selbstständig für ihn interessante Dokumente auswählen kann. Genau genommen handelt es sich also um ein "document retrieval"(Hotho et al., 2005, S.23ff). Das Information Retrieval ist daher nicht unmittelbar geeignet, gezielte Suchanfragen in unstrukturierten Datenbeständen, wie dem Internet, einfach zu beantworten, da keine präzisen Informationen über die Internetdokumente vorliegen. Somit wird es auch dem Anspruch einer strukturierten und effizienten Informationserschließung nicht gerecht.

Besonders im Hinblick auf die, durch das Web 2.0 geschaffene Menge an Informationen, sind die Möglichkeiten des Information Retrieval enorm begrenzt (Mehler & Wolff, 2005, S.1ff).

Um dennoch die Güte von Information-Retrival-Systemen zu messen, können objektive Maße wie Precision und Recall genutzt werden. Dabei wird die Precision, welche die Genauigkeit einer Suche angibt, durch das Verhältnis aller relevanten Dokumente zur Anzahl der von einer Such-maschine ausgegebenen Ergebnisse bestimmt. Dies entsteht, da Suchmaschinen derzeitig noch nicht in der Lage sind, die Anfrage des Nutzers genau zu verarbeiten, da aufgrund der fehlen-den Struktur der Daten eine exakt passende Antwort nicht gefunden werden kann. Deshalb gibt die Suchmaschine zusätzliche Treffer mit einer geringeren Passgenauigkeit aus. Einen anderen Aspekt bewertet der Recall. Dieser ist das Verhältnis der gefundenen und bedeutenden Dokumen-te zur Gesamtheit aller Dokumente, die für die Suchanfrage ebenfalls relevant gewesen wären, aber nicht gefunden wurden. Der Recall bestimmt somit die Vollständigkeit der erzielten Sucher-gebnisse (Lewandowski & Höchstötter, 2007, S.3).

Seit seinen Anfängen hat das Information Retrieval nur wenige methodische Innovationen hervor-gebracht. Diese erlauben mittlerweile allerdings eine Suche nach jeder im Text vorkommender Wortform. Eine Recherche nach dem Wort "Haus" kann daher auch Dokumente finden welche nur die Mehrzahl "Häuser" beinhalten. Auch kann eine phonetische Recherche unterstützt wer-den. Hier liefert das Suchsystem auch gleichlautende und ähnlich klingende Wörter. Dies kann den Suchenden besonders dann behilflich sein, wenn er sich über die exakte Schreibweise des Suchbegriffs unsicher ist. Weiterhin kann eine mehrsprachige Suche ermöglicht werden. Auf die-se Weise können Schlagwörter und Maßeinheiten sprachunabhängig gefunden werden (Studer, Schnurr & Nierlich, 2001, S. 5).

3 Suchen

3.1 Suchmaschinenarten

3.1.1 Suche in lokalen Datenbanken

Das Konzept des Information Retrieval wurde ursprünglich für die Suche in strukturierten Datenbeständen, wie beispielsweise in lokalen Datenbanken, entwickelt. Die Ergebnisqualität einer Suchanfrage ist daher als besonders hoch einzuschätzen. Jeder Eintrag einer Datenbank hat einen eindeutigen Identifikator, welcher Dupletten in der Ergebnisliste vermeidet. Alle Einträge, auch von großen Datenbanken können problemlos durchsucht werden. Somit ist sichergestellt, dass die Ergebnisliste vollständig ist und keine Datenbankeinträge vernachlässigt wurden.

3.1.2 Volltextsuchmaschinen

Wie bereits zu Beginn der Arbeit veranschaulicht wurde, beinhaltet das Internet große Mengen an Dokumenten und Daten, sodass die manuelle Erfassung der Inhalte unmöglich ist. Erst eine Abfrage in einer Suchmaschine ermöglicht den gezielten Zugriff auf benötigte Informationen. Eine Volltextsuchmaschine ist ein vollautomatisierter Suchdienst, der nach jedem Wort im Text ihrer indexierten Dokumente suchen kann (Babiak, 1997, S.55ff). Bei einer Suche gleicht der Computer die Übereinstimmungen der Anfrage, mit den in einzelnen Dokumenten vorkommenden Termen ab. Anschließend werden die Ergebnisse mittels eines Algorithmus sortiert (Beall, 2008, S. 438). Typisch für eine solche Suchmaschinen-Oberfläche ist ein zentral platziertes Feld zur Suchbegriffeingabe. Daneben wird zumeist auf erweiterte Suchoptionen, wie beispielsweise die Suche nach bestimmten Dateiformaten oder andere eingrenzende Operatoren, verwiesen. Somit können spezifischere Anfragen schneller und besser beantwortet werden (Bischopinck & Ceyp, 2009, S. 22). Die konkrete Funktionsweise dieser Maschinen wird im Kapitel 3.2 näher erklärt.

3.1.3 Metasuchmaschinen

Auf den ersten Blick scheinen die Ergebnisse der Metasuchdienste denen der Volltextsuchmaschinen sehr ähnlich. In Wirklichkeit ist der Mechanismus aber ein komplett anderer. Metasuchmaschinen verfügen über keinen eigenen Index, sondern nutzen parasitenartig die Angebote anderer Suchdienste und kummulieren deren Ergebnisse, um ihre eigenen Suchanfragen zu beantworten. Dazu werden die in der Benutzerschnittstelle eingefügten Daten an eine Reihe anderer Such- oder Katalogdienste weitergeleitet und in das jeweils geforderte Format übersetzt. Nun wartet die Metasuchmaschine auf die entsprechenden Antworten und sammelt die ankommenden Ranglisten. Diese werden schließlich miteinander kombiniert und dem Benutzer präsentiert (Hartmann et al., 2000, S. 74ff).

Metasuchdienste sind dann von Vorteil, wenn es für die Recherchearbeit notwendig ist, mehrere Suchdienste zu konsultieren oder man bereits zu Beginn der Recherche abschätzen möchte,
welcher Suchdienst die besten Ergebnisse liefert. Schließlich ist es zeitlich effizienter einen Meta-
suchdienst zu konsultieren, als sequenziell die Abfragen in sämtlichen Suchmaschinen einzeln zu
starten. Es ergeben sich aus dieser Funktionsweise aber auch wesentliche Nachteile. Zum Beispiel
bieten Metasuchmaschinen nur einen begrenzten Umfang an Suchoperatoren. Dies ist damit zu begründen, dass schon logische Verknüpfungen wie UND, ODER und NICHT in den verschiedenen,
durch die Metasuchmaschine adressierten Suchdiensten mit unterschiedlichen Zeichen dargestellt
werden. Außerdem verfügen sie jeweils über ein unterschiedliches Kontingent an Zusatzfunktionen, wie beispielsweise eine Bildersuche. Deswegen reduzieren Metasuchmaschinen ihre Funk-
tionalitäten auf die Gemeinsamkeiten aller in anspruchgenommener Suchdienste (Bischopinck &
Ceyp, 2009, S. 26ff). Weniger Suchoptionen und somit eine geringere Benutzerfreundlichkeit sind
die Folge.

Ein weiteres Problem der Metasuchdienste sind die unterschiedlichen Ranglisten der einzelnen
Suchmaschinen. Bieten diese die gleichen Resultate an, so kann einfach das durchschnittliche
Ranking zur Platzbestimmung genutzt werden. Sind die Ergebnisse jedoch unterschiedlich, so ist
es gängig, die Ergebnisse nach befragtem Suchdienst sortiert darzustellen und die ursprüngliche
Reihenfolge zu erhalten (Hartmann et al., 2000, S. 74ff).

3.1.4 Verzeichnisse

Verzeichnise sind keine Such*maschinen* im eigentlichen Sinne, da die Indexierung der Seiten hier
nicht automatisch, sondern manuell erfolgt. Jeder Eintrag muss einzeln aufgenommen werden.
Dies kann entweder aufgrund der Initiative eines Redakteurs geschehen, oder durch die aktive
Anmeldung des Betreibers. Ein Redakteur des Verzeichnisses entscheidet dann, ob und in welchen
Kategorien der Link aufgenommen wird. Aufgrund der großen Anzahl täglicher Neuanmeldungen
beansprucht der redaktionelle Überprüfungsprozess meist einige Wochen (Bischopinck & Ceyp,
2009, S. 18 ff).

Im Verzeichnis werden die Links hierarchisch gegliederten Rubriken zugeordnet. Der Suchende findet also erst Listen allgemeinerer Thematik vor, welche beim Anklicken immer spezieller
werden, bis er beim gewünschten Themengebiet angelangt ist. Aufgrund ihrer Struktur werden
Verzeichnisse oft auch als Web-Kataloge bezeichnet. Zu jeder URL im Katalog wird ein Titel und
ein knapper Beschreibungstext angegeben, die dem Suchenden bereits im Vorfeld einen Einblick
in den Inhalt der Seite gewähren (Erlhofer, 2008, S. 21). Bekannte Beispiele von Verzeichnissen
sind unter anderem Open Directory Project und Yahoo! directory.

Es ist kritisch anzumerken, dass die Datenbasis von Verzeichnissen durch das langwierige manuelle Einpflegen im Vergleich zu Suchdiensten mit automatischer Indexierung wesentlich kleiner ist.
Da somit auch das kontinuierliche Überprüfen bereits aufgenommener Einträge nicht garantiert

werden kann, ist auch deren Aktualität teilweise verbesserungbedürftig. Verzeichnisbetreiber argumentieren, dass es nicht Ziel sei, alle im Internet verfügbaren Dokumente zu sortieren, sondern dass der Katalog schlussendlich die relevantesten Websiten beinhaltet und dadurch die Qualität der Suchergebnisse höher ist (Bischopinck & Ceyp, 2009, S. 20).

3.1.5 Spezielle Suchdienste

Neben den großen allgemeinen Suchmaschinen profilieren sich zunehmend spezielle Suchdienste. Diese sind auf einen abgrenzbaren Themenbereich spezialisiert. So existieren Suchdienste für unzählige Themengebiete. Von Apotheken-, Blog- und Jobsuchmaschinen bis hin zu MP3-Suchmaschinen decken spezielle Suchdienste jeden wichtigen Bereich im Netz ab. Besonders verbreitet sind auch Produktsuchdienste, die auf eine Anfrage nicht nur die passenden E-shops auflisten, sondern auch zusätzliche Preisvergleiche anstellen. Dabei können diese in Form eines eigenständigen Suchdienstes, wie beispielsweise die Hotelsuchmaschine trust-you.com vorkommen, oder in einem allgemeinen Suchdienst integriert sein. Ein Beispiel einer solchen integrierten Lösung ist Google Maps (Bischopinck & Ceyp, 2009, S. 30).

3.2 Suchmechanismen und Funktionsweisen

3.2.1 Webcrawler

Das wichtigste Suchsystem jeder Suchmaschine ist der Webcrawler. Diese, auch als Robot bezeichnete Systemkomponente, beschafft alle Daten aus dem Internet, die dann später innerhalb des Information-Retrieval-Systems ausgewertet werden. Dazu lädt der Crawler alle, dem Suchsytem bisher unbekannte Dokumente herunter und beschafft ständig neue URLs aus dem Netz (Erlhofer, 2008, S. 72). Regelmäßig werden dabei auch bereits indexierte Seiten erneut besucht und nach inhaltlichen Änderungen durchsucht, um die Aktualität und Qualität der Maschine zu sichern. Anschließend erfolgt eine automatische Keywordanalyse. Dafür müssen die vom Crawler gelieferten Daten von nicht relevanten Textteilen, z.B. Programmcode, bereinigt und anschließend in ein homogenes Datenformat konvertiert werden. Die bereinigten Zeichenfolgen sowie wichtige Format- und Strukturinformationen werden gespeichert. Mit Hilfe der relativen Häufigkeit eines Stichwortes innerhalb des bereinigten Dokumentes und der Position des Begriffs in der analysierten Website können daraus nun einzelne Schlüsselworte zur Beschreibung des Dokuments generiert werden (Greifeneder, 2010, S. 31).

Die vier wesentlichen Systemkomponenten eines Webrobots sind URL-Datenbank, Loader, Gatherer und Checker. Die Aufgabe der URL-Datenbank ist die Speicherung eines Datenbestandes von gesammelten Links, die noch besucht werden müssen. Außerdem wird in der hier mit Hilfe verschiedener Filter, beispielsweise der Dupletten-Filter zum Vermeiden doppelter Einträge, über die Aufnahme der URLs in die Datenbank entschieden. Unter anderem werden in der URL-

Datenbank auch die Aktualisierungshäufigkeiten der Website und das Datum des letzten Besuchs gespeichert, um eine Reihenfolge für die Abarbeitung festlegen zu können. Diese wird in Form einer Liste an den Loader überreicht. Dessen Aufgabe ist es, die Auslastung der Gatherer zu überprüfen und die URL-Listen bei freien Kapazitäten weiterzugeben. Die Gatherer überprüfen schließlich die URLs und liefern die gewonnenen Daten an den Checker, welcher wiederum diese an das Information Retrieval-System reicht (Bischopinck & Ceyp, 2009, S. 37).

3.2.2 Indexierung

Der Dokumentenindex speichert Informationen zu allen vom Webcrawler gefundenen Dokumenten. Jedes erhält einen eindeutigen Identifikationsschlüssel (DocID). Zusätzlich werden weitere wichtige Informationen abgespeichert. Zum Einen zählen dazu Informationen zum Dokumentenstatus, ob die Seite gerade gecrawled wird und ob sie schon indexiert ist oder nicht. Zum Anderen gehören dazu allgemeine Daten wie die Länge des Dokuments, Zeitstempel des Erstellungsdatums und des letzten Besuchs, Dokumententyp, Wert der Änderungshäufigkeit usw. Zum internen Abgleich von Dokumenten werden Checksummen errechnet. Für jede URL wird durch einen oft suchmaschinenspezifischen Algorithmus eine individuelle Summe errechnet. Ist diese Summe gleich, so handelt es sich um dasselbe Dokument (Erlhofer, 2008, S.73). Der gesamte Indexierungsprozess läuft vollautomatisch ab. Da eine manuelle Anmeldung von Websites seitens ihrer Besitzer bei den meisten Suchmaschinen nicht vorgesehen ist, kann kaum Einfluss darauf genommen werden, wann und ob ein Robot eine Seite erfasst (Bischopinck & Ceyp, 2009, S. 36). Mithilfe der Indexierung ist der vormals unstrukturierte Datenbestand nun soweit aufbereitet worden, damit dieser von der Suchmaschine verarbeitet werden kann.

3.2.3 Rangierungsprinzipien

Eine einzelne Suchabfrage erzielt im Regelfall große Mengen an Treffern. Um eine hohe Qualität der Suchabfrage zu gewährleisten, werden diese Resultalte nach Relevanz sortiert (Hartmann et al., 2000, S. 34ff).

Der bekannteste Vertreter ist Google PageRank. Dieser ermittelt mit Hilfe der Linkstruktur im World Wide Web heuristisch den Wert einer Website. Das bedeutet, dass alle Links, die auf eine Seite verweisen, als positiv gezählt werden. Darüber hinaus werden Verweise, welche von Webseiten stammen, die selbst einen hohen PageRank aufweisen, höher gewertet. Diese Berechnung erfolgt iterativ bis schließlich jeder Seite ein PageRank Wert zugeordnet werden kann. Um die finale Positionierung in der Ergebnisliste festlegen zu können, muss der PageRank noch mit dem von Crawler ermittelten Informationsgehalt verrechnet werden. Da beide Werte, Inhalt und Rank, entscheidend sind, kann es auch vorkommen, dass die Seite, die die Suchanfrage am besten beantwortet, sich aufgrund seines geringen PageRanks nicht an erster Stelle befindet (Mandl, 2005, S. 72 ff).

Ein anderes populäres Vorgehen ist der Term-Frequency Algorithmus (TF-Algorithmus) welcher in Kombination mit dem Inverse Term Frequency Algorithmus (IFT-Algorithmus) zur Berechnung der Relevanz genutzt wird. Diese zählen zu den Vektorraum basierten Gleichgewichtsmodellen. Der TF-Algorithmus nutzt die Erkenntnis, dass die Häufigkeit eines Wortes dessen Bedeutung im Dokument repräsentiert. Je höher die Anzahl eines Keywortes im Dokument, um so höher fällt der zugewiesene TF-Wert aus. Dieser wird anschließend mit der Gesamtanzahl der Worte im Dokument in Verhältnis gesetzt um schlussendlich die relative Worthäufigkeit innerhalb eines Dokuments zu erhalten. Es ist aber auch notwendig, die Dokumente nicht nur isoliert zu betrachten, sondern sie im Vergleich zueinander zu bewerten. Dies kann mit Hilfe des ITF-Algorithmus gewährleistet werden. In einer Wordlist wird das Vorkommen der Keywords in allen betrachteten Dokumenten gezählt. Um das relevanteste Dokument zum Suchwort zu finden, müssen die TF-Werte nun noch in Relation zur Wordlist betrachtet werden (Bischopinck & Ceyp, 2009, S. 46ff).

Diese Algorithmen dienen nur als Beispiel. Moderne Suchmaschinen nutzen im Regelfall eine Vielzahl mathematischer Operationen um die Relevanz zu berechnen. Genaue Angaben über die letztliche Bewertung von Ergebnissen einzelner Suchmaschinen kann an dieser Stelle auch nicht gegeben werden, da dies meist Betriebsgeheimnis der Suchmaschinenbetreiber ist.

3.3 Probleme der Suche und Lösungsansätze

3.3.1 Schwachstellen

Auch wenn Suchmaschinen den Umgang mit dem Internet immer mehr erleichtern und ihre Suchmethoden im Laufe der Zeit perfektioniert haben, so existieren dennoch ein paar unüberwindbare Schwächen der klassischen Volltextsuche. Schon die Entscheidung für eine konkrete Suchmaschine fällt schwer, bedenkt man, dass davon weltweit bereits über 70.000 existieren (Ellwein, 2002, S. 70). In Abbildung 6 werden die verschiedenen Problemarten dargestellt, mit denen sich Benutzer von Suchmaschinen in den verschiedenen Phasen der Suche konfrontiert sehen.

Die Suche nach Begriffen der Anfrage in den erfassten Dokumenten kann nur Ergebnisse liefern, welche diese Wörter auch tatsächlich enthalten. Oft ist allerdings fraglich, ob der Anwender überhaupt in der Lage ist, seinen Bedarf auszudrücken. So kann die Suche auf kommunalen Webseiten beispielsweise erfolglos bleiben, wenn sich die Umgangssprache von den im Amtsdeutsch verwendeten Begriffen unterscheidet. Die Suche nach den Öffnungszeiten einer "Sperrmüllsammlung" kann nur unbefriedigende Ergebnisse liefern, wenn im Kontext der gesuchten Information ausschließlich die Rede von einem "Wertstoffhof" ist. Ein anderes Problem ist die häufig unzureichende Beschreibung des Bedarfs durch den Anwender. So beinhalten Anfragen durchschnittlich nicht mehr als 1,3 - 1,5 Suchbegriffe. Dies führt bei komplexeren Suchen dazu, dass viel zu viele Ergebnisse geliefert werden und der Nutzer unnötig Zeit braucht um das passende Dokument zu finden. In diesem Zusammenhang ist auch eine zu geringe Verwendung

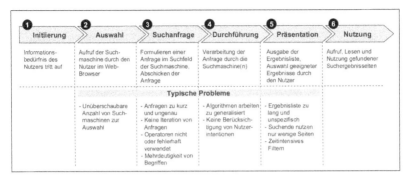

Abbildung 6: Typischer Suchprozess und Probleme des Suchenden (Riemer & Brüggemann, 2007, S. 117)

von booleschen Suchoperatoren durch den Nutzer zu bemängeln, welche eine hinreichende Beschreibung ermöglichen könnten (Huber, 2005, S.190).

Ein großer Kritikpunkt ist, dass diese Suche stets zu viele nicht relevante Ergebnisse liefert. Verantwortlich hierfür sind unter anderem Homonyme. Diese Wörter haben die gleiche Schreibweise, obwohl sie verschiedene Bedeutungen haben. Als Beispiel einer solchen sprachlichen Mehrdeutigkeit ist das Wort "Bank" zu nennen. Es kann sich hierbei sowohl um ein Kreditinstitut, als auch um eine Sitzgelegenheit handeln. Für nicht kontextorientierte Suchmaschinen ist es unmöglich, den Unterschied zu erkennen. Sie werden daher auch Ergebnisse liefern, die nicht im Zusammenhang mit der Suchabfrage stehen. Doch auch Wörter mit einheitlicher Bedeutung können zu Ergebnissen führen, die den Informationsbedarf nicht decken. Zum Beispiel wenn sie im Kontext der gefundenen Dokumente in einem anderen Zusammenhang verwendet wurden, als es vom Suchenden beabsichtigt war. Auch Synonyme beeinflussen die Ergebnisqualität negativ. Die schlüsselwortbasierte Suche findet ausschließlich Dokumente, in denen das eingegebene Wort auch tatsächlich vorkommt. Werden Wörter in Dokumenten durch Synonyme ersetzt oder mit sprachlichen Mitteln umschrieben, so wird dieser Treffer von der Suchmaschine ignoriert (Sack, 2010, S.15).

Grundsätzlich kann festgehalten werden, dass die Algorithmen der Volltextsuche zu generalisiert arbeiten und die Intention des Benutzers nicht berücksichtigen. Bei einer Suche nach „Marktstudie Haushaltselektronik 2006" wird nicht nach einem Dokument recherchiert, das diese Wörter unbedingt beinhaltet, sondern das beispielsweise 2006 erstellt wurde (Reichenberger, 2010, S. 126).

Anderseits liefern spezifischere Suchanfragen oft keine oder nur sehr wenige Treffer. Auch Dinge, die vor der Zeit des Internets aktuell waren, können nur schwer gefunden werden. Beispielsweise ergibt die Suche nach der Fräsmaschinensteuerungseinheit "Positip VRZ 659"(Vgl. Anhang A, Abbildung 12), die Ende 1980 gebaut wurde, nur zwei irrelevante Treffer auf der Webseite von *Google.de*. So können Komplexität, Spezifität und Thematik der Anfragen, sowie die Formulierung der Suchanfragen, den Ergebnis-output stark determinieren. Oft bleibt das Informationsbedürfnis somit ungestillt (Griesbaum, Ritterberger & Bekavac, 2005, S.7).

Ein weiteres Problem ist die nach algorithmischer Relevanz geordnete Trefferliste als Ergebnis einer Volltextsuche. Um zu den vermuteten Informationen zu gelangen, muss der Nutzer die gelisteten Links besuchen. Doch Studien (Vgl.Hübener, 2009, Jansen, Spink & Saracevic, 2007) belegen, dass die Nutzer nur die Ergebnisse der ersten und selten der zweiten Seite beachten. Dadurch werden relevante Informationen auf späteren Seiten nicht beachtet und gehen verloren. Im Endeffekt ist der Nutzer frustriert, weil ihm die Zeit fehlt, die relevanten Informationen herauszufiltern und er kann nicht sicher wissen, ob er die besten Treffer bereits gefunden hat (Riemer & Brüggemann, 2007, S. 118).

Es ist somit klar erkennbar, dass die bisher bestehenden Suchkonzepte nicht optimal für die Suche in unstrukturierten Datenbeständen wie dem Internet sind. Die erste Hypothese dieser Arbeit kann somit bestätigt werden.

3.3.2 Lösungsansätze

Boolesche Suchoperatoren

Eine Variante der Präzisierung der Anfragen bieten boolesche Suchoperatoren. Mit ihnen ist es möglich, Suchbegriffe zu verknüpfen und ihre Beziehung zueinander auszudrücken. Der Operator AND kann die Begriffe einer Anfrage verbinden, mit OR können Eigenschaften voneinander getrennt werden (Fent, 2000, S. 2). Mit AND wird die Anzahl der Suchtreffer reduziert, da nur Dokumente in denen beide Suchwörter vorkommen gelistet werden. Ein Beispiel hierfür wäre "Mars AND Pluto". Den Gegenpart dazu stellt der Operator OR dar, mit welchem man das Suchfeld erweitern kann, weil somit alle Ergebnisse nur eines der beiden Wörter enthalten müssen. Besonders bei Begriffen, die oft synonym verwendet werden, bietet sich die Nutzung dieses Operators an. Zum Beispiel "Sucht OR Abhängigkeit". Der dritte Boolsesche Operator ist NOT. Hierbei werden alle Dokumente von der Ergebnisliste ausgeschlossen, welche den auf den Operator folgenden Begriff enthalten. Somit lässt sich die Ergebnismenge auch mit NOT einschränken. Dies ist besonders dann sinvoll, wenn der gesuchte Begriff oft in einem anderen als dem intendierten Kontext verwendet wird. Zum Beispiel: "Apple NOT Computer". Zusätzlich lassen sich diese Operatoren wie mathematische Ausdrücke mit Klammern schachteln. Die Begriffe innerhalb der Klammer werden zuerst betrachtet (Baumann, 2007, S. 11 ff).

Eingrenzung des Suchraumes

Die meisten Suchmaschinen bieten Mechanismen an, welche den Suchraum von vornherein eingrenzen. Dies kann über die Einschränkung des Zieldateiformates oder durch Modifikation der
Suchoptionen geschehen. Als Zieldateiformate stehen zumeist eine Bilder-, Video oder Landkar-
tensuche zur Auswahl. Oft wird so auch eine gezielte Suche nach aktuellen Nachrichten oder
Produkten ermöglicht. Nach der Wahl eines Formates werden alle andern von der Ergebnisliste ausgeschlossen. Innerhalb der Suchoptionen können die Art der gesuchten Informationen und
Interessenfelder bestimmt oder eine Sprachauswahl getroffen werden. Bei Metasuchmaschinen
kann darüber hinaus noch entschieden werden, in welchen konkreten Maschinen die Suche durchgeführt werden soll. Die Auswahl geschieht noch bevor die eigentliche Suchanfrage formuliert
wird. Durch diese Art der Eingrenzung werden weniger Suchergebnisse erzielt und die Relevanz
dieser erhöht (Riemer & Brüggemann, 2007, S. 119).

4 Finden

4.1 Personalisierte Internetsuche

4.1.1 Nutzerprofile als Basis der Personalisierung

"Personalisierung kann als die Anpassung von Webseiten an die Bedürfnisse, Präferenzen und Fähigkeiten einzelner Nutzer definiert werden" (Riemer & Brüggemann, 2007, S. 118). Für jeden Nutzer eines personalisierten Suchdienstes sollen algorhitmisch relevante Ergebnisse separat aufbereitet werden, um somit die subjektive Relevanz dieser zu verbessern. Für eine erfolgreiche Personalisierung sind Daten über den Nutzer essentiell. Eine Möglichkeit der Datengewinnung besteht in der Erstellung von Nutzerprofilen (Röhle, 2007, S. 8ff).

Nutzerprofile können durch den Nutzer selbst oder durch eine automatisierte Analyse des Nutzerverhaltens angelegt werden. Bei der ersten Variante wird dem Benutzer ein elektronischer Fragebogen zum Ausfüllen angeboten. Hierbei kann er selber über seine Angaben entscheiden und somit Kontrolle über den Personalisierungsprozess behalten. Oft scheuen Nutzer allerdings diesen zusätzlichen Aufwand oder sind nicht in der Lage, ihre Interessen korrekt auszudrücken. Eine implizite Gewinnung von Nutzerprofilen ist mit automatischen Analyseverfahren möglich. Dazu werden Suchhistorie, die angibt welche Seiten besucht wurden, und Suchverhalten ausgewertet. Dieses beinhaltet Informationen über die Verweildauer auf einzelnen Webseiten, Besuchshäufigkeit oder das Setzen von Lesezeichen. Als besonders vorteilhaft bei dieser Variante ist hervorzuheben, dass die Generierung dieser Daten durch den Automatismus besonders kostengünstig erfolgt und dass durch die kontinuierliche Überprüfung, Änderungen des Nutzerverhaltens schnell bemerkt und somit die Präferenzen stets aktuell gehalten werden. Nachteile der impliziten Profildatengenerierung ergeben sich, wenn der Rechner von mehreren Personen genutzt wird oder der Nutzer Recherchen für andere Menschen durchführt. Dann werden die Bedürfnisse des eigentlichen Nutzers durch das Profil nicht mehr exakt repräsentiert. (Riemer & Brüggemann, 2007, S. 118).

4.1.2 Personalisierung der Suchanfrage

Auch während der Suchanfrage kann der Nutzer unterstützt werden. Das System schlägt hierzu Eingabemöglichkeiten vor, noch während der Nutzer diese im Eingabefeld formuliert. Da der Nutzer oftmals nicht sicher weiß, welche Art von Information er genau sucht oder Probleme hat, seinen konkreten Bedarf zu formulieren, kann dieser Automatismus sehr hilfreich sein. In bestehenden Suchdiensten werden diese Vorschläge für eine Allgemeinheit an Nutzern angeboten. Von einer Personalisierung kann erst gesprochen werden, wenn Vorschläge für einzelne Nutzer generiert werden. Die Vorschläge für einen konkreten Nutzer, können aus den Informationen der angelegten Profile abgeleitet werden (Riemer & Brüggemann, 2007, S. 118ff).

Eine "Artikulationshilfe" für den Nutzer kann auch nach der ersten Anfrage seitens des Suchdienstes angeboten werden. Mit Hilfe einer iterativen Anfrageverbesserung kann der Nutzer seine Anfrage nach und nach anpassen und so die Qualität der Ergebnisse verbessern. Dazu bekommt der Nutzer die Möglichkeit die gefundenen Ergebnisse nach dem Suchvorgang hinsichtlich ihrer Relevanz zu bewerten. Vom Suchdienst können aufgrund dieser Bewertungen neue Suchwörter abgeleitet werden. Für diese Art der Personalisierung sind keine Nutzerprofile notwendig, allerdings ist der Bewertungsvorgang zeitintensiv. Die zweite Möglichkeit der Anfrageverbesserung basiert daher auf Nutzerprofilen. Darin werden Schlagwörter vorangegangener Suchvorgänge gespeichert und späteren Anfragen automatisch beigefügt. Auch andere Charakteristika des Profils lassen sich in den Anfragen verwenden so zum Beispiel der Wohnort des Anwenders, welcher Ergebnisse mit regionalem Bezug bezweckt. Eine Suche nach einem "Arzt" kann daher sofort Ärzte in der näheren Umgebung anzeigen (Riemer & Brüggemann, 2007, S.120).

4.1.3 Personalisierung des Suchalgorithmus

Auch die Bewertung der einzelnen Treffer der Ergebnislisten kann personalisiert werden. Anstelle eines allgemeinen PageRank, kann auch ein nutzerindividueller Rank errechnet werden. Dieser individuelle PageRank kann durch verschiedene Verfahren ermittelt werden. Eine Möglichkeit besteht darin, die Top-Level-Kategorien des Open Directory Projects (Vgl. Kapitel 5.2) als Berechnungsgrundlage zu nutzen. Für jede Webseite wird nun ein PageRank ermittelt, welcher speziell Verlinkungen aus Seiten dieser 16 Kategorien berücksichtigt. Im Effekt kann somit beurteilt werden wie relevant eine Website für ein konkretes dieser 16 Themengebiete ist. Die Interessenfelder des Nutzers können nun mit den Ergebnissen abgeglichen und ein personalisierter Rank ermittelt werden(Riemer & Brüggemann, 2007, S. 121). Alternativ ist es auch möglich, anstatt der Kategorien des Open Directory Projects, die vom Nutzer erwählten Bookmarks und Lesezeichen oder die im Nutzerprofil angelegten Schlagworte als Berechnungsgrundlage des neuen PageRanks zu gebrauchen (Röhle, 2007, S. 9). Allerdings bietet sich dieses Verfahren nicht für Metasuchmaschinen an, da sie die PageRanks ihrer untergeordneten Suchdienste nicht beeinflussen können.

Das eben beschriebene Verfahren der PageRank-Personalisierung lässt sich auch für Gruppen von Anwendern nutzen. Dazu werden die Profile mehrerer Nutzer verglichen und ähnliche Profile werden zu Gruppen zusammengefasst. Der Grundgedanke dieses Vorgehens ist, dass Menschen, die sich in vielen Präferenzen gleichen, wahrscheinlich auch in anderen Bereichen ähnlich denken und ähnliche Suchergebnisse als relevant erachten (Mobasher & Anand, 2005, S.233). Es besteht die Annahme, dass das Gruppenprofil durch die Akkumulation vieler Profile weitaus mehr und präzisere Interessenangaben beinhaltet, als das des Einzelnen. So können durch das Zusammenfassen verschiedener Anwender mit ähnlichem Suchverhalten die Ergebnisse für einen speziellen Nutzer verbessert werden. Ein Praktisches Beispiel für dieses als "Collaborative Filtering" bezeichnete Verfahren ist bei *Amazon.com* zu finden. Dort werden Käufern eines Produktes andere Produkte zum Kauf vorgeschlagen. Die Vorschläge basieren auf dem Kaufverhalten vorheriger Kunden, welche das gleiche Produkt ebenfalls gekauft hatten. Die Mitgliedschaft in einem solchen Gruppenprofil kann auch manuell festgelegt werden. Diese als "Suchnetzwerk" betitelten Gruppenmitglieder teilen sich einem PageRank, welcher Webseiten höher gewichtet, auf welche Mitglieder verlinkt haben. Die Interessen des Suchnetzwerkes beeinflussen somit die Relevanz der Ergebnisse, was zum Beispiel bei Teamarbeiten einen Vorteil bringen kann (Riemer & Brüggemann, 2007, S. 121).

4.1.4 Personalisierte Präsentation der Suchergebnisse

Die bei einer Suche ermittelten Ergebnisse können nutzerindividuell angeordnet, dargestellt werden, indem man die ermittelten Webseiten mit den Daten des Nutzerprofils abgeglicht. Treffer, die einem Interessengebiet aus dem Nutzerprofil zugeordnet werden können, erlangen auf diese Weise eine bessere Platzierung in der Anzeigereihenfolge. Dieses Verfahren kann auch von Metasuchmaschinen angewendet werden, da sie über die Reihenfolge, der von den untergeordneten Suchdiensten gelieferten Ergebnisse entscheiden. Um die Privatsphäre einzelner Nutzer zu schützen, sind auch gruppenbasierte Konzepte umsetzbar. Dazu werden Community-Profile anstatt von individuellen Profilen verwendet. Hier werden die Platzierungen der Ergebnisliste durch Ähnlichkeiten im Suchverhalten einer Gruppe von Nutzern beeinflusst (Riemer & Brüggemann, 2007, S. 121).

Eine durch den Nutzer initiierte Neuanordnung der Trefferliste wird durch Clustering-Verfahren ermöglicht. Die Suchmaschine erkennt in Ähnlichkeiten in der Webdokumenten Ergebnisliste und fasst sie zu entsprechenden Gruppen zusammen. So kann sie die Ergebnisse thematisch gruppiert darstellen. Die Ergebnisse erscheinen übersichtlicher und sind besser voneinander abgegrenzt. Der Benutzer kann ein Cluster auswählen um das Suchfeld zu spezifizieren und einzuschränken. Somit ist es leicht, nicht relevante Themengebiete effektiv auszugrenzen und schneller zu einem Fund zu gelangen (Vgl.Riemer & Brüggemann, 2007, S. 121, Chen, 2010, S. 5).

4.2 Kontextorientierte Konzepte

4.2.1 Semantic Web

Wie bereits im zweiten Kapitel angedeutet, sind die Methoden eines Information Retrieval Prozesses oft sehr ungenau. Es ist für künstliche Systeme eine große Herausforderung natürliche Sprachen zu analysieren. Der Inhalt von Bildern, Musik oder Videos kann bisher fast gar nicht erschlossen werden. Aus diesem Grund lassen sich so gewonnene Dokumente zwar mit natürlichsprachigen Termen darstellen, allerdings wird dabei der Verlust des Kontextes und der Beziehungen der Objekte untereinander hingenommen. (Mandl, 2005, S. 70). Information Retrieval wurde entwickelt um Informationen in lokalen, strukturierten Datenbeständen wiederzufinden. Mangels besserer Lösungen wurde dieses Konzept auf das Internet übertragen. Für die dort vorherrschenden Massen an unstrukturierten, multimedialen Daten sind Information Retrieval Methoden aber eher ungeeignet. Eine stetige Verbesserung und Weiterentwicklung ist daher entscheidend. Kontextorientierte Konzepte versuchen nun die Semantik einer Suchanfrage zu erkennen und so präzisere Ergebnisse zu liefern.

Die Vision zur Lösung der gravierendsten Probleme bei der Suche im Internet heißt Semantic Web. Die darin bereitgestellten Daten sollen semantisch dargestellt und eindeutig identifizierbar sein. Das bedeutet, dass die Informationen nicht nur für Menschen interpretierbar sind, sondern dass den Informationen stets ein Modell zugrunde liegt, welches die Bedeutung des Sachverhaltes eindeutig und für Maschinen verständlich beschreibt (Staab, 2001, S. 1). Das semantische Web soll kein separates Netz darstellen, sondern das bestehende erweitern. Gegebenen Informationen werden lediglich definierte Bedeutungen zugewiesen, was Computer und Menschen in die Lage versetzt, besser zusammen arbeiten zu können (Berners-Lee, Hendler & Lassila, 2001, S. 2).

Das World Wide Web basiert bisher auf Daten, welche nur für Menschen verständlich sind. Der Grundgedanke des Semantic Web ist, die Daten mit, für Maschinen verständlichen, zusätzlichen Informationen anzureichern, um die Verarbeitung dieser zu erleichtern (Schmaltz, 2004, S. 3). Diese so genannten *Metadaten* können aus jedem Textdokument gewonnen werden. Dabei handelt es sich um Deskriptoren, welche meist als Term im Text enthalten sind und den Inhalt beschreiben. Auch multimediale Daten können durch Metadaten beschrieben werden. Allerdings gestaltet sich deren Gewinnung wesentlich schwieriger. Low-Level-Deskriptoren sind relativ leicht mit Hilfe statistischer Analysen festzustellen. Zum Beispiel beschreiben Low-Level-Deskriptoren eines Filmes die Dauer einer Videosequenz, den Verlauf der Lautstärke darin oder die Farbverteilung der einzelnen aufeinander folgenden Bilder. Diese Art von Deskriptoren lässt jedoch noch keine Aussage über den Inhalt des Filmes zu. Hierfür werden High-Level Deskriptoren benötigt. Diese lassen durch ein höheres Abstraktionsniveau eine inhaltliche Interpretation zu. Die Gewinnung dieser Metadaten muss allerdings meist manuell erfolgen. Dies ist im Moment der Fall, auch wenn bereits einige automatische Analyseverfahren existieren (Sack, 2010, S.14).

Taxonomien definieren Klassen von Objekten und ihre Beziehung zueinander. Zum Beispiel können Straßennamen, Hausnummern und Postleitzahlen einer bestimmten Objektklasse "Ort" zugeordnet werden. Dies kann soweit fortgeführt werden, dass eine baumartige Struktur von Klassen, Unterklassen, Objekten und den Beziehungen zwischen ihnen entsteht. Schlussendlich ist es möglich sehr viele Relationen auszudrücken, wenn den Klassen Eigenschaften zugeschrieben werden und es den Subklassen erlaubt wird, diese zu erben. Wenn jede Postleitzahl vom Typ "Ort" ist und feststeht, dass jeder Ort einen Bürgermeister hat, so wird es ermöglicht, jedem Bürgermeister Postleitzahlen zuzurechnen, auch wenn diese zwei Objekte in keiner Datenbank aufeinander verweisen (Berners-Lee et al., 2001, S. 3).

Die auf Taxonomien aufbauenden *Ontologien* werden benötigt um Semantik abbilden zu können. Der Begriff stammt aus der Philosophie. Eine Ontologie beschäftigt sich mit dem "Dasein" der Dinge und versucht die Welt so zu beschreiben, wie sie tatsächlich ist. In der Informatik bezeichnet sie ein abstraktes Modell, das alle wesentlichen Entitäten innerhalb eines Fachbereiches und deren Relationen untereinander darstellt. Entscheiden dabei ist, dass eine Definition aller Begriffe explizit und in maschinenlesbarer Form vorliegt. Dies ermöglicht der Maschine, die Semantik zu erschließen (Gruber, 1993, S. 908ff). Ein Beispiel einer Ontologie sind Thesauri. Diese beschreiben inhaltliche Beziehungen einzelner Wörter zueinander. Dazu zählen Synonyme, Assoziationen, Verallgemeinerungen, Spezialisierungen, Ober- und Unterbegriffe. In einem Thesaurus wäre zum Eintrag "Stuhl" das "Möbelstück" als Oberbegriff gelistet. Der "Stuhl" wird mit "Sitzgelegenheit" assoziiert und besitzt "Stuhlbeine" und eine "Lehne". Im Unterschied zu einer Taxonomie, die nur eine einfache, hierarchische Untergliederung darstellt, ist eine Ontologie ein Netzwerk von Informationen mit logischen Relationen (Sack, 2010, S. 16 ff).

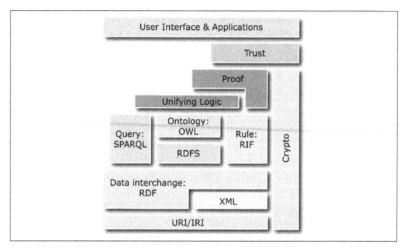

Abbildung 7: Ebenen des Semantic Web (World Wide Web Consortium, 2007)

Abbildung 7 zeigt die Hilfsmittel, mit denen Ontologien und somit das Semantic Web realisiert wird. Dabei sind noch nicht alle der dargestellten Technologien gleich weit entwickelt. Bereits eingesetzt wird der Uniform Resource Identifier (URI). Dieser adressiert die Inhalte des Semantic Webs und ermöglicht ein eindeutiges und zielgerichtetes Auffinden der Ressourcen (Schmaltz, 2004, S. 3).

Für die Syntax des Semantic Web wird das, in der in der zweiten Ebene dargestellte *XML* (eXtensible Markup Language) eingesetzt. Dieses dient der Übermittlung der semantischen Informationen. Um die durch XML bereits mit Struktur angereicherten Daten in Relation zueinander zu setzen, wird das *Ressource Description Framework* (RDF) genutzt. Dieser, als dritte Ebene in der Abbildung 7 eingetragene Standard, stellt Beziehungen und Bedeutungen als Tripel dar. Eine Aussage in Form eines Tripels besteht jeweils aus einem Subjekt, einem Prädikat und einem Objekt. Ein Beispiel hierfür wäre demzufolge " Max wohntIn Dresden", wobei "Max" dem Subjekt, "wohntIn" dem Prädikat und "Dresden" dem Objekt der Aussage entspricht. Jedes Objekt oder Subjekt wird durch eine URI repräsentiert. Das *RDF Schema* (RDFS) erweitert RDF um Konstrukte mit denen die einzelnen, durch die URI dargestellten Elemente näher beschrieben werden können. Es werden Formate zur Definition der Elemente und ihrer Wertebereiche bereitgestellt. Mit RDF Shema ist bereits eine Repräsentation der Realität möglich, auch wenn diese noch recht einfach gehalten und wenig ausdrucksstark sind. Zum Beispiel kann festgehalten werden, dass "Max", beziehungsweise dessen URI, einen Menschen beschreibt. Feinere Darstellungen der inhaltlichen Beziehungen werden erst durch die darüber liegenden Schichten ermöglicht (Vgl. (Schmaltz, 2004), (Staab, 2001)), welche allerdings noch nicht vollständig entwickelt und Gegenstand der aktuellen Forschung sind.

Mit der Web Ontology Language (*OWL*) können Ontologien technisch umgesetzt und eine ausdrucksstärkere Semantik verwirklicht werden. Zu erfüllende Bedingungen und Abhängigkeiten zwischen Klassen und Instanzen sind hier abbildbar. Auch lassen sich Regeln mit *RIF* festhalten. Diese Regelmechanismen lassen implizite Verknüpfungen erkennen. Ein Beispiel für eine solche Regel wäre: "Ein Mensch der in Dresden wohnt ist ein Dresdner" (Vgl. (Sack, 2010), (Staab, 2001). *SPARQL* ist die Abfragesprache für RDF.

Bisher von der aktuellen Forschung noch kaum beachtet, sind die Obersten Schichten. "Proof" und "Trust", also Beweis und Vertrauen sind Schichten, die die vom Semantic Web beinhalteten Aussagen überprüfen und verifizieren sollen. Hierfür sollen Standards entwickelt werden, welche die Plausibilität der Informationen für die Nutzer des Semantic Webs prüfen. Die Schnittstelle zwischen Benutzer und System ist das "User Interface". Es bildet den Abschluss des Schichtenmodells (Sack, 2010, S.17).

4.2.2 Nutzenspotentiale

Wird es ermöglicht eine *Wissenssuche* auf Basis der Semantik durchzuführen, so können die Daten nach ihrem tatsächlichem Inhalt durchsucht und ausgewählt werden. Precission und Recall der Ergebnisliste würden durch dieses Vorgehen erheblich erhöht. Homonyme und andere sprachliche Mehrdeutigkeiten verlieren bei einer semantischen Suche ihren negativen Einfluss auf das Ergebnis, da nach ihrem korrekten Inhalt und nicht nach bloßen Zeichenketten gesucht wird. Darüber hinaus können inhaltliche Bezüge erkannt und über die Boolschen Operatoren hinausgehende, komplexe Verküpfungen berücksichtigt werden. Selbst nicht explizite Zusammenhänge sind erkennbar. So können auch vielschichtige Suchanfragen erfolgreich beantwortet werden (Schmaltz, 2004, S. 10).

Auch bei der *Wissenspräsentation* kann die semantische Suche nutzbringend sein. Beispielsweise wird die Visualisierung miteinander verknüpfter, ontologiebasierter Metadaten ermöglicht. Die Struktur des Wissens wird sichtbar und inhaltliche Zusammenhänge klar erkennbar. Dies kann dienlich sein, um bei einer Suche auf weitere verwandte Thematiken, Autoren oder andere Wissensträger zu verweisen. Dadurch kann ein Zugang zu implizitem Wissen erleichtert werden (Schmaltz, 2004, S. 11).

4.2.3 Problemfelder

Technische Probleme bestehen insofern, als dass noch keine ausgereifte Software existiert, die den Einsatz des Semantic Webs stützen könnte. Eine Weiterentwicklung der Suchwerkzeuge ist genauso unabdingbar wie die Schaffung von Werkzeugen zum Verbinden der einzelnen Ontologien bevor an den breiten Einsatz dieser Technologie gedacht werden kann. Dabei muss angemerkt werden, dass jede neue Technologie von nur wenigen Anwendungen unterstützt wird, solange sie sich noch nicht etabliert hat. Durch die stetig fortschreitenden Entwicklungen in diesem Bereich ist aber von einer Überwindung dieser anfänglichen Probleme auszugehen. Neben den technischen Problemen existieren allerdings schwerwiegende *grundlegende Probleme*. Der empirisch nur schwach belegbare praktische Nutzen des Semantic Webs steht einem ungleich höherem Erstellungsaufwand der Ontologie gegenüber. Denn um eine Ontologie zu erschaffen, ist zunächst ein Konsens über die formale Wirklichkeit zu finden. Wenn es überhaupt möglich ist einen solchen Konsens festzustellen, so wird dafür viel Zeit und Personalaufwand investiert werden müssen. Darüber hinaus müsste diese Abbildung der Realität einer kontinuierlichen Überprüfung und Korrektur unterliegen, um die Aktualität der Ontologie auch in sich schnell entwickelnten Bereichen sicherzustellen. Eine Anwendung dieser Technologie scheint daher vorerst nur in einigen speziellen, abgrenzbaren Themenbereichen, in denen ein Mehrwert erzielbar ist, umsetzbar zu sein (Schmaltz, 2004, S. 29).

4.2.4 Bisherige Umsetzung neuer Suchkonzepte

Die praktische Umsetzung der Personalisierung oder Kontextorientierung von Suchdiensten stecken zu weiten Teilen noch in Kinderschuhen. Bei Volltext- sowie Metasuchmaschinen konnten sich bisher nur die Suchraumeingrenzung, das automatische Vorschlagen von Suchbegriffen, die iterative Anfrageverbesserung und Clusterung zu weiten Teilen durchsetzen. Es muss angemerkt werden, dass diese Technologien die am wenigsten komplex sind und außerdem ohne das Anlegen von Nutzerprofilen auskommen. Die anderen vorgestellten Methoden werden bisher nur in Einzelfällen oder gar nicht umgesetzt (Riemer & Brüggemann, 2007, S. 123). Auch die Technologien der kontextorientierten Suche sind, wie bereits erläutert, noch nicht weit genug entwickelt um die Vision eines Semantic Web zu realisieren. In wenigen Bereichen sind zwar einzelne Technologien des Semantic Webs zwar schon anwendbar, eine breite Anwendung ist bisher jedoch noch nicht denkbar. Es wird deutlich, dass den einzelnen Suchdiensten zukünftig viel Verbesserungspotential zur Verfügung steht.

Hiermit kann auch die zweite Hypothese dieser Arbeit belegt werden. Zwar sind Bemühungen der Suchdienste deutlich erkennbar, dennoch basieren die meisten immer noch auf einem einfachen Information Retrieval System und nur wenige semantische Suchkonzepte werden bisher erfolgreich für eine Suche im Internet eingesetzt.

5 Vergleich verschiedener Suchmaschinen

5.1 Beschreibung des Vorgehens

In diesem Abschnitt der Arbeit soll ein Vergleich verschiedener Suchmaschinen stattfinden. Zu den drei frei gewählten, verschiedenartigen Themenbereichen Astronomie, Pflanzen und Urlaub sollen unterschiedliche Suchkonzepte anhand je einer Beispielsuchanfrage einander gegenüber gestellt werden. Im Rahmen dieser Fallstudie werden die Sucheingaben als normative Ausprägungen des Retrievaltests festgelegt. Eine Nachbildung der "typischen" Fragestellungen im Web soll nicht Ziel dieser Arbeit sein. Die Anzahl der Suchanfragen, insgesamt drei, wird keine verallgemeinerungsfähigen Ergebnisse liefern. Vielmehr ist das Ziel dieser Analyse einen Einblick in die Effizienz ausgewählter Suchmaschinen in verschiedenen Fragesituationen zu geben.

Zu Beginn der Cases wurde über die Formulierung der Suchanfragen und ein geeignetes Testverfahren entschieden. Beides sollte möglichst eindeutig sein und einem realen Nutzerverhalten entsprechen.

Wie bereits im zweiten Kapitel erläutert, sind Precision und Recall geeignete Maße um die Effektivität eines Information Retrieval Systems zu beurteilen. Innerhalb der vorliegenden Case Study wurde auf eine Messung des Recalls verzichtet, da er auf Grund des Umfangs des Internets nicht, oder nur unzureichend bestimmbar ist. Darüber hinaus ist er für den Suchenden nur von untergeordneter Bedeutung, da dieser in den meisten Fällen nicht mehr als die ersten zwei Ergebnisseiten sichtet (Griesbaum et al., 2005, S. 7). Dieser Retrievaltest beschränkt sich daher auf eine Effektivitätsbeurteilung der Suchmaschinen. Die Effektivität wird in diesen Test ermittelt indem die Klicks gezählt werden, die notwendig sind um auf eine relevante Webseite zu gelangen. Eine Webseite ist genau dann relevant, wenn sie die Suchanfrage beantwortet.

Neue Suchmaschinen bemühen sich, natürlichsprachliche Eingaben zu unterstützen. So ist beispielsweise der Schöpfer von Wolfram Alpha der folgenden Ansicht. Da Menschen in einer natürlichen Sprache miteinander kommunizieren, sei der Umgang mit dem kompletten Spektrum an vorliegendem Wissen auch nur durch die Unterstützung natürlichsprachiger Eingaben möglich und der einzige realistische Weg, auch mit Computern zu kommunizieren (Wolfram, 2009). Auch ist in Tabelle 1 erkennbar, dass die Nutzer von Suchdiensten dazu tendieren, zunehmend mehr Wörter in einer Suchanfrage zu kombinieren. Die Eingaben werden scheinbar der natürlichen Sprache ähnlicher.

Der Mechanismus der Volltextsuche vergleicht die Wörter der Sucheingabe mit den Schlüsselworten der Website. Besteht eine Anfrage nur aus einem Wort, so ist es der Suchmaschine unmöglich das Ergebnis einzugrenzen und es werden Unmengen an Treffern erzielt. Je mehr Informationen die Anfrage enthält, um so einfacher kann die Suchmaschine die Frage "verstehen" und relevante Dokumente liefern (Erlhofer, 2008, S. 115). Die Testfragen der Case Study werden daher in vollständigen Sätzen gestellt. Sie wurden so ausgesucht, dass sie für einen Menschen ohne wei-

Jahr	1 Wort	2 Wörter	3 Wörter	4 Wörter	5 Wörter
2002	51,0%	37,0%	10,0%	1,0%	1,0%
2003	43,0%	48,0%	7,0%	1,0%	1,0%
2004	39,0%	49,0%	9,0%	3,0%	0,0%
2007	15,2%	31,9%	27,0%	14,8%	11,1%

Tabelle 1: Steigerung der Wortanzahl bei Suchanfragen (Bischopinck & Ceyp, 2009)

tere Kontextinformationen verständlich sind. Da Suchmaschinen, wie oben von Wolfram Alpha beschrieben, natürlich sprachliche Texte durchsuchen und menschliche Anfragen erhalten, sollte ein Umgang mit der humanen Sprache essentiell für die Fähigkeiten einer Suchmaschine sein.

Die Testanfragen lauten:

1. What is the distance between Mars and Pluto?

2. What is the most popular kind of apple?

3. I am looking for a hotel with 1 mile distance to London Eye maximum.

Diese Testfragen wurden gewählt, um jeweils einen Problembereich der Volltextsuche anzusprechen und im Ergebnis zu erfahren, wie gut die Suchmaschinen damit umgehen können. Die erste Frage testet die Fähigkeit der Maschinen spezifische naturwissenschaftliche Anfragen zu beantworten. Die zweite Frage beinhaltet ein Homonym. Nur im Kontext des Satzes kann herausgefunden werden, dass die bekannteste Apfelsorte erfragt wird und kein technisches Gerät. Eine Schwierigkeit dabei ist, dass in den Dokumenten des Internets "apple" weitaus häufiger im Kontext der Firma genannt wird. Die dritte Frage hat einen Ortsbezug. Die Suchmaschine muss den Standort von zwei verschiedenen Punkten kennen und den Abstand zwischen ihnen.

Bereits in mehreren Studien wurde belegt, dass Suchmaschinen-Nutzer oft nur über eine geringe Kompetenz verfügen, diese zu bedienen. Es konnte gezeigt werden, dass Trefferlisten nutzerseitig nur oberflächlich ausgewertet werden und es an Fähigkeiten zur Suchmaschinenbedienug mangelt. Oft können Nutzer nicht von allen Angeboten des Internet profitieren, weil sie nicht die Fähigkeiten besitzen, diese zu gebrauchen. Um den Ausschluss von Nutzern mit geringer Kompetenz zu vermeiden ist es wichtig, Suchmaschinen benutzerfreundlicher zu gestalten (Neuberger, 2005, S. 9). Es ist entscheidend für den Erfolg einer Website, dass diese seitens der Nutzer intuitiv bedient werden kann, der Zweck des Webauftritts sofort ersichtlich ist und die benötigten Informationen möglichst schnell gefunden werden können (Zerfaß & Zimmermann, 2004, S.2). Auch Suchmaschinen müssen ihre Usability steigern. Diese sind zumeist mit einem zentralen Eingabebereich und wenigen Feldern um Suchoptionen einzustellen, sehr schlicht designt. Sie können insbesondere daran gemessen werden, wie schnell sie dem Nutzer die geforderten Informationen liefern und die Suche beenden.

Im Test wurde die Suche genau dann beendet, wenn eine Website gefunden wurde, die die Frage beantwortete. Ein Fund wurde dabei nur erzielt, wenn die Antwort explizit in der aufgerufenen Webseite enthalten war. Wurde die Frage nur implizit beantwortet, zum Beispiel mit Tabellen auf deren Grundlage man den Abstand zwischen Mars und Pluto hätte berechnen können, so zählte dies nicht als Fund. Der Test wurde am 8. Oktober 2010 durchgeführt.

Das Vorgehen war bei den einzelnen Cases stets gleich. Es erfolgte jeweils eine einfache Such-abfrage in den Suchmaschinen, ohne dass bestimmte Einstellungen in den Maschinenoptionen getroffen wurden. Die Trefferliste wurde der Reihenfolge nach abgearbeitet. Jeder Mausklick, auch der erste, welcher die Suche auslöst, wurde gezählt. Eingegeben wurde die komplette, na-türlichsprachige Anfrage mit Satzzeichen. Es zählten sowohl die Klicks, die notwendig waren um auf eine Seite zu gelangen, als auch die, welche benötigt wurden, um von einer irrelevanten ge-fundenen Seite zurückzukehren. Mit der ersten Anfrage wurden je sechs Ergebnisseiten, in der durch die Liste vorgegebenen Reihenfolge, überprüft. Brachte dies keinen Sucherfolg, so wur-de die Suchanfrage modifiziert. Die Füllwörter der natürlichsprachigen Anfragen wurden gelöscht und die Eingabe auf wesentliche Schlagwörter, beispielsweise "distance Mars Pluto" reduziert und die Suche erneut durchgeführt. Damit wurde bezweckt, dass die Suchanfrage durch das Wegfal-len unnötiger Wörter der natürlichen Sprache, wie z.B. „and", die Fragestellung einfacher für die Suchmaschine zu verarbeiten ist. Wurden letztlich 30 Klicks gezählt, ohne dass ein relevantes Ergebnis gefunden wurde, so wurde die Suche schließlich erfolglos beendet und abgebrochen. Bei der Suche wurden spezifischen Eigenschaften der Suchmaschinen beachtet und Hilfestellungen, zum Beispiel zur Spezifikation und Eingrenzung der Eingabe, genutzt. Das Ignorieren der kom-merziellen Treffer und der doppelt gelisteten Domains sollte zu einem schnelleren, realistischem Ergebnis führen.

5.2 Auswahl der Testobjekte

Für die Case Study war es notwendig, sich auf eine Auswahl relevanter Suchmaschinen zu be-schränken. Da in der Literatur nur unzureichende Informationen über die Relvanz einzelner Ma-schinen zu finden ist, dient eine umfassende Internetrecherche als Basis um für die drei zu tes-tenden Themen jeweils die wichtigsten Suchdienste zu bestimmen. Leider gingen alle gefundenen Quellen von scheinbar subjektiven Entscheidungskriterien bei der Wahl der wichtigsten Suchma-schinen aus. Um im Rahmen dieser Arbeit eine objektive Betrachtung sicherzustellen, wurden die Aussagen verschiedener Quellen (Vgl. (Secret Search Engine Labs, 2010), (Infopeople, 2009), (Suchfibel, 2009), (Notblue, 2008), (Search Engine Watch, 2009), (Webhits, 2009)) miteinander verglichen und die 8 am häufigsten genannten Maschinen für die Case study ausgewählt.

- Google

- Yahoo!

- Ask

- Bing

- Lycos

- Altavista

- Clusty

- Open Directory Projekt

Google ist die meistgenutzte Suchmaschine der Welt. Aktuell nutzen ca 89,3% aller Internetuser Google (Webhits, 2009). Die Dominanz dieser Suchmaschine führte soweit, dass das Wort "googlen" 2004 sogar in die deutschen Rechtschreibung übernommen wurde. Entwickelt wurde Google von Sergey Brin und Larry Page. Letzterer ist auch der Erfinder des bereits erwähnten Page-Rankings. Als Google 1998 erstmalig online ging, hob sich die Maschine durch ihr schlichtes Design und Schnelligkeit, ohne unnötiges Ablenken durch Werbung oder ähnlichem, von Konkurrenten wie Yahoo ab. Dies führte wiederum zu einer positiven Mundpropaganda, was Google ohne Marketingbuget immer größere Nutzerzahlen bescherte (Derntl-Saffertmüller, 2009, S. 13ff).

Yahoo! startete 1995 an der Stanford University. Die wichtigsten Links des damals noch überschaubaren Internets wurden, ähnlich wie in einem Katalog, zusammengestellt. Durch das rasante Wachstum des Internets musste dieser Katalog erst redaktionell betreut und schließlich aufgegeben werden. An seine Stelle trat eine Volltextsuche. Die Firma Yahoo wuchs ebenfalls und wurde zu einem der größten Portale im Internet. Heute ist Yahoo weltweit der zweitgrößte Anbieter von Suchservices (Suchfibel, 2009).

Ask nutzt eine algorithmische Suchtechnologie, was zu deutlich relevanteren Ergebnissen führen soll. Dazu wird für das Ranking nicht nur die Linkpopularität, sondern auch Expertenmeinungen zum Thema analysiert. Zu diesem Zweck teilt Ask das Web in verschiedene Bereiche ein und verleiht Priorität an Websites, welche als "Experten" oder "Authoritäten" auf dem Gebiet zählen. Aussagekräftige Seiten erscheinen somit an vorderer Stelle der Trefferliste. Eine nützliche Zusatzfunktion stellt "MeinAskTM" dar. Es soll dem Nutzer die Möglichkeit bieten, seine Suchergebnisse zu speichern, zu sortieren und zu kommentieren, um sie dann später wiederverwenden zu können (Ask Jeeves, 2006).

Bing startete im Juni 2009 als Nachfolger von Microsofts LiveSearch. Bing stellt nach Aussage der Entwickler keine herkömmliche Suchmaschine, sondern eine Entscheidungsmaschine dar, weil sie gezieltere Ergebnisse liefere und dem Benutzer dadurch gewisse Entscheidungen abnimmt (Gottwald, 2009, S. 4). Im Idealfall soll für konkrete Fragen sofort eine passende Antwort bereitgestellt werden, ohne dass zuvor durch eine Linkliste navigiert werden muss. Diese Funktion steht allerdings nur in wenigen Fällen tatsächlich bereit. Ähnlich wie bei Google stehen auf der Homepage Kategorien wie Bilder-, Landkarten- oder Videosuche zur Auswahl. Auch existiert hier eine automatische Vervollständigungsfunktion. Darüberhinaus verspricht Bing die Möglichkeit über die Seitenleiste am linken Rand die gefundenen Ergebnisse schneller eingrenzen zu können. Dort werden verwandte Suchergebnisse aufgelistet. Sucht man beispielsweise nach "Wetter München" so kann man dort eine Auswahl zwischen einer 3- oder 7-Tages-Vorhersage oder ähnlichem treffen (Kremp, 2009).

Lycos wurde 1994 gegründet und ist somit eine der ältesten Suchmaschinen des Internets. Mittlerweile ist ihre Konkurrezfähigkeit allerdings stark gesunken. Lycos unterstützt keine boolschen Suchoperatoren, verfügt aber über eine Vorschau der gefundenen Webseiten (Glossbrenner & Glossbrenner, 2001, S. 117ff). Fährt der Nutzer mit dem Mauszeiger über den Link, wird die Voransicht größer. Der Nutzer kann so schon vor dem eigentlichen Besuch, die Qualität einer Webseite einschätzen.

Altavista hält 61 Patente im Bereich der Internetsuche. Dies geht auf die Vergangenheit zurück, wo Altavista zu den Pionieren der Websuche gehörte. Unter anderem lieferte sie 1995 den ersten Internet-Webindex, später die erste Multimedia-Suchtechnologie und die erste mehrsprachige Suche. Zusätzlich zu den Suchfunktionen stellt Altavista mit Babelfisch einen Online-Übersetzungsdienst zur Verfügung. Seit 2003 befindet sich die Suchmaschine im Besitz von Yahoo Inc. und seit 2010 werden ihre Suchanfragen über Yahoo.com geleitet (Overture Services, Inc., 2010).

Clusty ist eine Metasuchmaschine, die ihre Informationen unter anderem von Ask, Bing, Yahoo! News und dem Open Directory Project bezieht. Das besondere ist, dass sie trotzdem Zusatzfunktionen besitzt. Alle Treffer werden nach Themengebieten geclustert, wobei sich jedes Themencluster erneut unterteilen lässt. Durch dieses Vorgehen kann die Suche unter verschiedenen Gesichtspunkten durchgeführt werden, was das Finden relevanter Ergebnisse erheblich beschleunigen kann (Suchfibel, 2009). Der Nutzer muss nicht durch lange Trefferlisten scrollen um zum Ziel zu gelangen, sondern kann mit Hilfe des Clusters navigieren. Im Mai 2010 wurde Clusty von Yippy Inc. gekauft und läuft nun unter dem Namen Yippy Search (yippy, 2010).

Open Directory Project ist das größte und umfassendste, von Menschen gepflegte Verzeichnis im Internet. Eine große Gruppe von freiwilligen Autoren aus der ganzen Welt aktualisieren und vergrößern es kontinuierlich. Dabei ist den Betreibern der Webseite bewusst, dass sie nie eine ähnliche Indexgröße wie eine automatisch arbeitende Suchmaschine erreichen können. Es wird vielmehr darauf gesetzt, dass jeder Einzelne der vielen Editoren einen kleinen Teil des ihm bekannten Word Wide Webs strukturiert und einpflegt. Die Idee dahinter ist, dass Menschen die Qualität einer Website besser beurteilen können als Maschinen und dass ein von Menschen gepflegtes Verzeichnis daher relevantere Einträge listet als eine Volltextsuchmaschine. Das Open Directory Projekt folgt dem open source Gedanken und ist daher kostenfrei (Open Directory Project, 2002).

Außerdem wurden in jedem Testcase noch zusätzliche Spezialsuchmaschinen des jeweiligen Themengebietes getestet. Diese sollen in den Tests den allgemeinen Suchmaschinen gegenüber gestellt werden um zu zeigen, ob sie aufgrund ihrer Spezialisierung die Testfragen besser beantworten können.

Wolfram Alpha wurde im Mai 2009 gestartet. Eine Anfrage im Suchfeld dieser Maschine soll, im Gegensatz zu anderen Suchmaschinen, in Form einer natürlichsprachigen Eingabe erfolgen. Wurde der Kontext des Eingabeterms nicht exakt verstanden, so zeigt Wolfram Alpha dem Nutzer an, wie die Anfrage im vorliegenden Fall interpretiert wurde und bietet alternative Gebrauchsvorschläge an. Anschließend wird aus der Datenbasis für die Anfrage eine einzige Antwort berechnet. Wolfram Alpha ist nach eigenen Angaben auf den Bereich Mathematik spezialisiert, kann aber auf die meisten faktenbasierten Fragen, zum Beispiel aus den Bereichen Astronomie, Physik, Informatik oder Wetter, eine Antwort finden. Nur Meinungen und subjektive Ansichten kann Wolfram Alpha nicht verarbeiten und somit auch keine Antworten in diesen Bereichen bereitstellen. Es ist anzumerken, dass Wolfram Alpha sich selbst nicht als Suchmaschine sondern als "Wissensberechnungsmaschine" betitelt. Suchmaschinen, die sich dem Konzept des Information Retrieval bedienen, zählen dem Suchenden Webseiten auf, an denen er wahrscheinlich eine Antwort vorfinden kann. Die Ergebnisse Wolfram Alphas unterscheiden sich davon essentiel. Sie geben lediglich die Antwort auf eine Frage, und nicht den Ort, wo diese gefunden werden kann (Gottwald, 2009, S.1 ff).

Findastronomy durchsucht nach eigenen Angaben nur Webseiten mit Bezug zur Astronomie wie zum Beispiel die Homepage der NASA. Dafür benutzt diese Maschine allerdings keinen eigenen Index sondern implementiert Google Custom Search.

PlantFacts beschreibt auf seiner Homepage, dass es mehrere, an der Ohio State University entwickelte, digitale Sammlungen miteinander verknüpft um eine internationale Wissensdatenbank und ein multimedia Lernzentrum anbieten zu können. Die angebotene Suchmaschine befasst sich ausschließlich mit Pflanzen. Die Maschine verfügt über eine Bilder- und Videosuche.

Google Maps ist eine frei zugängliche Landkarte im Web. Es können zoombare Staßenkarten und Satellitenbilder der ganzen Welt eingesehen werden. Es wird eine Routenplanung angeboten die den Abstand und den Weg zwischen zwei Punkten berechnet. Zusätzlich kann nach Gebäuden und Geschäften gesucht werden. Die Stärke von Google Maps ist, dass die Ergebnisse regional beschränkt werden können, wie zum Beispiel die Suche nach einem Hotel an einem bestimmten Ort (Ipfelkofer, Lorenz & Ohlbach, 2006, S.12). Eine Neuerung in Google Maps ist "Streetview". Es erlaubt dem Nutzer die gefundenen Routen im Internet nachzuverfolgen und die in der Straße befindlichen Gebäude online zu betrachten.

Trust You findet Bewertungen zu Hotels im Internet. Die Metasuchmaschine wurde 2008 gestartet und durchsucht Hotelbuchungs- und Bewertungsportale wie HRS, Tripadvisor oder Hotel.de um Preisvergleiche zu den einzelnen Hotels durchzuführen. Außerdem werden die Kommentare der Hotelbewertungen mit Hilfe einer semantischen Suchtechnologie zusammengefasst und in die Kategorien "positiv" und "negativ" einsortiert. Dies erspart dem Nutzer eine aufwändige Suche nach einem geeignetem Hotel (Zeit Online, 2010).

5.3 Ergebnisse und Auswertung

Die Ergebnisse des Case Study sind in den Abbildungen 8, 10 und 11 zusammengefasst. Wie man den Grafiken entnehmen kann, gibt es gravierende Unterschiede in der Sucheffizienz der einzelnen Maschinen.

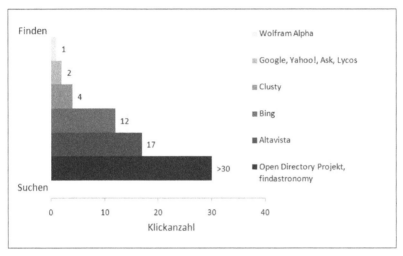

Abbildung 8: Testcase 1: What is the distance between Mars and Pluto? (eigene Darstellung)

Im Case 1 erzielte Wolfram Alpha durch sein bereits vorgestelltes berechnendes Vorgehen das beste Ergebnis. Die viele der, ausschließlich auf Volltextsuche basierenden Maschinen, benötigten dennoch nicht wesentlich mehr Klicks und erzielten durchschnittlich in allen Cases gute Ergebnisse. Die Vielfalt der im Internet existierenden Websites und der große Umfang der von den Maschinen indexierten Seiten sind der Grund dafür. So werden die Testfragen teilweise durch Foreneinträge, teilweise durch exakt auf die Fragestellung zugeschnittene Webseiten beantwortet und dementsprechend schnell gefunden. Wolfram Alpha ist, soweit erkennbar, die einzige Maschine, welche die Informationen der Fragestellung direkt verknüpft und eine Antwort errechnet. Sie war in der Lage sowohl die Testfrage zu interpretieren, als auch das Ergebnis sofort zu präsentieren. Dabei wurde verstanden, das Mars und Pluto zwei Planeten sind, und dass die Distanz die Strecke zwischen den beiden Planeten darstellt (Vgl. Abbildung 9). Daraufhin lieferte Wolfram Alpha sofort sein errechnetes Ergebnis und einige Zusatzinformationen, wie zum Beispiel eine Umrechnung des Ergebnisses in Kilometer. Der große Vorteil liegt darin, dass der Nutzer die Seite von Wolfram Alpha nicht verlässt und sich daher auch nicht in einer neuen und anders aufgebauten Website zurecht finden muss. Die Lösung des Problems kann somit augenblicklich als gefunden betrachtet werden.

Die zweitbesten Ergebnisse in diesen Test erzielten Google, Yahoo, Ask und Lycos, da hier mit nur

Abbildung 9: Ergebnis von Wolfram Alpha im Test Case 1

zwei Klicks eine Antwort gefunden wurde. Weiterhin benötigte Clusty vier, Bing zwölf und Altavista siebzehn klicks. Das Open Directory Project, sowie Findastronomy erzielten nach über 30
Klicks keinen Fund. Allerdings sind die Ergebnisse der beiden letztplatzierten differenziert zu betrachten. Dass mit dem Open Directory Project in keinem der Cases eine Antwort gefunden wurde
ist damit zu begründen, dass es sich hierbei um ein Verzeichnis und nicht um eine Volltextsuchmaschine handelt. Es ist daher von vornherein nicht für komplexe Anfragen geeignet. Dennoch
wurde es in der Recherche als populäre Suchmaschine identifiziert. Der Grund hierfür ist, dass das
Open Directory Project als größtes und nicht-kommerzielles Verzeichnis im Internet, besonders
bei Recherchen sehr hilfreich sein kann. Durch die hierarchische Struktur kann sich der Nutzer zu
immer spezifischeren Themengebieten durchnavigieren und sich einen Überblick über vorhandene
Ressourcen verschaffen. Zum Beantworten konkreter Fragen sind sie ungeeignet. Findastronomy
basiert auf Google Custom Search und durchsucht ausschließlich Webseiten, die das Themengebiet "Astronomie" behandeln. Durch diesen Ausschluss von irrelevanten Webseiten, versucht Fin-
dastronomie eine Spezialisierung auf diesem Gebiet zu erreichen. Dass dennoch kein Fund erzielt
wurde ist damit zu begründen, dass die Fragestellung sehr spezifisch war und somit offensichtlich
auf keiner der durchsuchten Webseiten konkret beantwortet wurde. Auch wenn die Fragestellung
in das Zielgebiet dieser Suchmaschine fiel, konnte sie nicht beantwortet werden weil Findastronomy über diese Einschränkung der Webseiten hinaus, keine weiteren verknüpfenden Algorithmen
oder ähnliches einsetzt.

Bei allen drei Cases war auffällig, dass die reinen Volltextsuchmaschinen ähnliche Ergebnisse in
ihren Listen enthielten und sich die als Fund gezählten Treffer daher oft glichen. Die Antwort
der ersten Frage von Google, Lycos und Clusty konnte ein einem Forum von Yahoo Answers gefunden werden (Vgl.Anhang D, Abbildung 13). Der Forumnutzer belegt seine Antwort mit einen
Verweis auf die Nasa Homepage, was die Glaubwürdigkeit für den Suchenden erhöht. Daher ist
davon auszugehen, dass ein normaler Nutzer seine Suche an dieser Stelle abgebrochen hätte und
hier die Forumseite als Fund betrachten würde. Yahoo, Ask, Bing und Altavista erzielten einen
Fund auf der Webseite Answers.com (Vgl. Anhang D Abbildung 14).

Im zweiten Test Case erzielten Yahoo, Lycos und Clusty mit nur zwei Klicks die beste Platzierung.
Darauf folgten Google und Ask mit vier, Bing mit acht und Altavista mit siebzehn benötigten
Klicks. Erneut erreichte das Open Directory Projekt aus den bereits genannten Gründen keinen

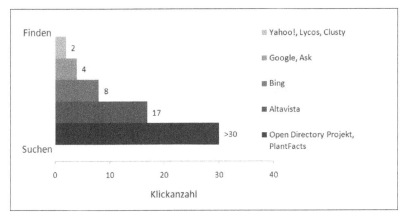

Abbildung 10: Testcase 2: What is the most popular kind of apple? (eigene Darstellung)

Fund. Auch die Spezialsuchmaschine PlantFacts war erfolglos. Dies ist wie bei Findastronomy offensichtlich erneut der begrenzten Anzahl der indexierten Seiten und der Spezifität der Fragestellung geschuldet.

Der Großteil der klassischen Volltextsuchmaschinen fand eine Antwort auf der Webseite care2.com in einem Beitrag (Vgl. Anhang E, Abbildung 16), nur Ask und Bing referenzierten erneut auf Answers.com (Vgl. Anhang E, Abbildung 15). Die Angaben der ersten Quelle waren zwar ausführlicher, dennoch wurde in beiden Fällen die gleiche Apfelsorte als die beliebteste ausgewiesen. Der Suchende hätte in beiden Fällen also eine klare Antwort erhalten und die Suche erfolgreich beendet.

Im dritten Test wurden die durchschnittlich schlechtesten Ergebnisse erzielt. Google benötigte zwei Klicks um eine Webseite zu finden, welche Hotels in der nähe von London Eye auflistete (Vgl. Anhang F,Abbildung 17). Ask fand nach vier Klicks eine ähnliche Webseite (Vgl. Anhang F, Abbildung 18). Das drittbeste Ergebnis erzielte Google Maps. Wie in Abbildung 19 erkennbar unterscheidet sich dessen Trefferliste von denen normaler Volltextsuchmaschinen insofern, dass eine zusätzliche Landkarte die Suche unterstützt. Es ist anzunehmen, dass der Suchende weiß, dass sich London Eye in der Hauptstadt Englands befindet. Zoomt man die Karte auf die Größe Londons heran, so werden die Treffer automatisch auf diesen Bereich beschränkt, was die Ergebnisliste stark verkürzt. Dennoch war Google Maps anscheinend nicht in der Lage die Terme "one mile distance maximum" korrekt zu verarbeiten. So befand sich erst das an dritter Stelle gelistete Hotel in unmittelbarer Nähe zum London Eye.

Das Ergebnis welches in Anhang F Abbildung 20 zu finden ist, wurde von Yahoo, Atavista und Lycos nach siebzehn Klicks gefunden. Auch Clusty und Bing fanden diese auf Hotels spezialisierte Webseite nach achtzehn beziehungsweise einundzwanzig Klicks. Erneut konnte mit dem Open Directory Projekt kein Erfolg erzielt werden. Aber auch die die Hotelsuchmaschine Trust You lieferte keine befriedigten Ergebnisse. Trust You sammelt wie eine Metasuchmaschine Hotelbe-

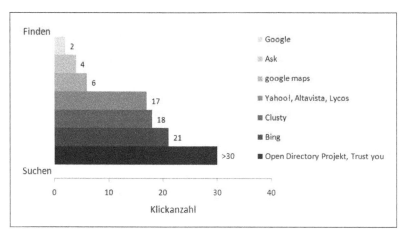

Abbildung 11: Testcase3: I am looking for a hotel with 1 mile distance to London Eye maximum. (eigene Darstellung)

wertungen von verschiedenen Webseiten, kategorisiert diese Bemerkungen in positiv und negativ und fasst die am häufigsten vertretenen Meinungen zu einem Beschreibungstext zusammen. Die getestete Suchanfrage weicht inhaltlich allerdings sehr von den üblichen Hotelkritiken ab. Mit Hilfe von Trust You kann die Qualität des Services und die Sauberkeit der Hotelzimmer eher beurteilt werden als die Entfernung der Hotelanlage zu verschiedenen Sehenswürdigkeiten.

Die Testergebnisse sind differenziert zu betrachten. Kritik besteht insbesondere an der getroffenen Wahl der Testfragen. Die Intention dieser war, eine Verknüpfung von Informationen seitens der Suchmaschinen zu fordern. Besonders die Testcases 1 und 3 erforderten das Wissen über zwei Standorte und deren Abstand zueinander. Allerdings beinhaltet der Datenbestand des World Wide Web durch seine schiere Größe mittlerweile Antworten zu Fragen aller Facetten. So wurden in den Tests Webseiten und Foreneinträge gefunden, welche die Frage selbst fast im gleichen Wortlaut und die passende Antwort dazu beinhalteten. So konnten die Volltextsuchmaschinen gute Ergebnisse erzielen, auch wenn sie nicht über ähnliche berechnede Algorithmen wie die "Wissensberechnungsmaschine" Wolfram Alpha verfügen. Das die Testfragen dennoch dieser Case Study genügen ist damit zu begründen, dass es bei diesem enormem Datenbestand beinahe unmöglich ist eine realitätsnahe Fragestellung zu finden, die nicht schon irgendwo beantwortet wurde. So ist es auch in der Praxis zunehmend unwahrscheinlich, das ein Suchender auf eine Fragestellung keine Antwort findet. Außerdem ist anzumerken, dass die Testergebnisse nur eine Momentaufnahme darstellen. Die Resultate und ihre Platzierung in der Ergebnisliste können sich jederzeit ändern.

Mit diesem Ergebnis lässt sich die dritte Hypothese dieser Arbeit bestätigen. Es existieren neuere Suchkonzepte, die bereits jetzt geeigneter sind um Fragen präzise zu beantworten. Solche Suchkonzepte wie das von Wolfram Alpha finden Antworten auf Fragen, ohne dass ein langwieriger Suchprozess seitens des Nutzers durchgeführt werden muss. Die Semantik der Anfrage wird verstanden und eine Antwort berechnet. Problematisch ist hierbei allerdings, dass die Berechnung und Verknüpfung basierend auf hinterlegten Datenbeständen Grenzen hat. So ist dieses Prinzip eng an naturwissenschaftliche Bereiche geknüpft, welche quantifizierbar sind und dessen Daten für lange Zeit aktuell bleiben. In der Hierarchie von Daten, Informationen, Wissen und Weisheit eingeordnet, würde dieses Suchkonzept dennoch ein hohes Level erreichen, da die Ergebnisse einer Suchanfrage Wissen preisgeben und nicht nur bloße Informationen liefern. Es handelt sich daher eher um einen Finde- als einem Suchprozess.

In das unterste Level der Hierachie müssen Verzeichnisse wie das Open Directory Projekt einsortiert werden. Diese liefern zwar mehr als nur Daten, da die Ergebnisse schließlich zu einem Fachbereich zugeordnet sind und strukturiert präsentiert werden, über das Level der Information kommen sie aber nicht hinaus. Der Umgang mit Verzeichnissen kann also als Informationssuche betrachtet werden, was in vielerlei Hinsicht nützlich sein kann, mit Finden aber nicht viel Gemeinsamkeit hat.

Die anderen, größtenteils auf Volltextsuche basierenden Maschinen können nur ungefähr zwischen den beiden Extrema Suchen und Finden eingeordnet werden. Prinzipiell erschienen Suchhilfen wie das Clustern von Ergebnissen bei der Suche zwar hilfreich, dennoch erzielten Clusty und Bing dadurch durchschnittlich keine besseren Ergebnisse. Google, welches außer den Standard-Suchoptionen und Suchwortvorschlägen keine zusätzlichen Hilfestellungen während der Suche anbietet, präsentierte trotzdem konstant eine überdurchschnittlich gute Sucheffizienz. Dennoch bleibt nach Ansicht der Autorin der Umgang mit diesen Maschinen eine Suche nach Informationen. Ein sofortiger Fund wird nur selten erzielt.

6 Zusammenhang und Ausblick

In dieser Arbeit wurde ein Überblick verschiedener Suchkonzepte erarbeitet. Die Basis dafür wurde im ersten Teil der Arbeit geschaffen. Die Data-Information-Knowledge-Wisdom Hierachie stellte eine Grundlage zum Unterscheiden von Suchen und Finden dar und damit eine Möglichkeit die Sucheffizienz verschiedener Maschinen einzuordnen. Darüber hinaus wurden die verschiedenen Arten der Relevanz erklärt und der Begriff des Information Retrieval erläutert. Eine Zusammenfassung der verschiedenen Suchdienstarten und der Funktionsweisen der Volltextsuche wurde gegeben.

Sowohl in strukturierten wie auch in unstrukturierten Datenbeständen wird das Information Retrieval zum Finden von Informationen genutzt. Es konnte jedoch gezeigt werden, dass diese Methode zwar sehr gut für strukturierte Datenbestände geeignet ist, aber bei einer Suche in unstrukturierten Datenbeständen wie dem Internet oft nur unbefriedigende Resultate liefern kann. So bewirken linguistische Probleme, Beschränkungen der Reichweite der Volltextsuche und fehlende Informationen im Internet selbst, so dass diese Suche oft unzuverlässig, unvollständig und ungenau ist. Zwar können die Suchdienste in einem allgemeinen, privaten Bereich durchaus trotzdem zufriedenstellende Ergebnisse liefern, bei wissenschaftlichen Recherchen sollte sich der Anfragesteller allerdings der Schwächen der Volltextsuche bewusst sein, um die Suchergebnisse einschätzen und verbessern zu können (Beall, 2008, S. 444).

Die Entwicklung von und Forschung an neuen Suchkonzepten ist daher essentiell. Bisher konnten schon erfolgreich erste Technologien, zum Beispiel die Personalisierung der Suchanfragen umgesetzt werden. Es kann auf diese Weise eine Spezialisierung und Beschränkung der Ergebnisliste, auf Treffer welche zum Kontext der Suche passen, erreicht werden. Außerdem werden Entwicklungen hin zum Semantic Web angetrieben, welches in der Lage sein soll, Informationen zu verknüpfen um somit die Frage des Suchenden zu verstehen und korrekt beantworten zu können.

Im letzten Teil der Arbeit wurden aktuell populäre Suchdienste in einer Case Study mit drei verschiedenartigen Testfragen miteinander verglichen. Es konnte gezeigt werden, dass die klassischen Volltextsuchmaschinen durchaus auch in der Lage sind komplexe Suchanfragen zu beantworten. Ihre Effizienz liegt dabei allerdings deutlich unter der, welche von neuen Suchtechnologien zu erwarten ist.

Die hier vorgestellten Konzepte bilden den Ausgangspunkt für die fortschreitende Verbesserung der Suche im Internet. Ein Wettlauf der Unternehmen um neue Distributionskanäle, Marktnischen und Kunden treibt die Entwicklung hin zur personalisierten Kundenansprache. Der größte Anteil der dafür benötigten Technik wird auf semantischen Technologien basieren. Daher ist zu erwarten, dass neue Personalisierungsstrategien und semantische Technologien weiterentwickelt und immer häufiger eingesetzt werden. Letztendlich werden diese auch dem einzelnen Nutzer in Form von schnellerem Zugriff auf relevante Daten zugute kommen (Buzinkay, 2006, S. 188).

Literatur

Ackoff, R. L. (1989). From data to wisdom. *Journal of Applied Systems Analysis*, *16*, 3-9.

Ask Jeeves. (2006). *Ask Jeeves startet Ask Deutschland, die deutsche Beta-Version seiner Suchmaschine*. Abgerufen am 19.10.2010, von http://sp.de.ask.com/de/docs/about/press_0106.shtml.

Awad, E. M. & Ghaziri, H. M. (2004a). *Knowledge Management*. Upper Saddle River, NY: Pearson Education International.

Awad, E. M. & Ghaziri, H. M. (2004b). *Knowledge Management*. Upper Saddle River, NJ: Pearson Education International.

Babiak, U. (1997). *Effektive Suche im Internet - Suchstrategien, Methoden, Quellen*. Köln: O'Reilly GmbH und Co KG.

Baumann, U. (2007). *Literatur recherchieren und beschaffen* (Bericht). Werftestrasse 1, CH-6002 Luzern: Lucerne University of Applied Sciences and Arts.

Beall, J. (2008). The Weaknesses of Full-Text Searching. *The Journal of Academic Librarianship*, *34(5)*, 438-444.

Berners-Lee, T., Hendler, J. & Lassila, O. (2001). The semantic Web - A new form of Web content that is meaningful to computers will unleash a revolution of new possibilities. *Scientific American, 284 (5)*, 1-5.

Bischopinck, Y. & Ceyp, M. (2009). *Suchmaschinen-Marketing - Konzepte, Umsetzung und Controlling für SEO und SEM*. Heidelberg: Springer Verlag.

Blumberg, R. & Atre, S. (2003). The Problem with Unstructured Data. *DM Review, February 2003*, 42-46.

Boddy, D., Boonstra, A. & Kennedy, G. (2005). *Managing Information Systems: an Organizational Perspective*. Harlow: FT Prentice Hall.

Broder, A., Kumar, R., Maghoul, F., Raghavan, P., Rajagopalan, S., Stata, R. et al. (2004). *Graph Structure in the Web*. Abgerufen am 20.10.2010, von http://citeseerx.ist.psu.edu/viewdoc/download?doi=10.1.1.94.1348&rep=rep1&type=pdf.

Brooks, T. A. (2003). *Web search: how the Web has changed information retrieval*. Abgerufen am 20.10.2010, von http://informationr.net/ir/8-3/paper154x.htm.

Buzinkay, M. (2006). Finden und gefunden werden — Funneling im Semantic Web. *Semantic Web, 3*, 177-188.

Chaffey, D. & Wood, S. (2005). *Business Information Management: Improving Performance Using Information Systems*. Harlow: FT Prentice Hall.

Chen, L.-C. (2010). Using a new relational concept to improve the clustering performance of search engines. *Information Processing and Management, In Press*, 1-13.

Curtis, G. & Cobham, D. (2005). *Business Information Systems: Analysis, Design, and Practice*. Harlow: FT Prentice Hall.

Derntl-Saffertmüller, D. (2009). *Journalistische Recherche mit Google in der Theorie und Praxis* (Bericht). Wien: Universität Wien.

Eberspächer, J. & Holtel, S. (2006). *Suchen und Finden im Internet.* München: Springer.

Ellwein, C. (2002). *Suche im Internet für Industrie und Wissenschaft.* München: Oldenburg-Industriverlag.

Encyclopaedia Britannica. (2009). *Search Engines.* Abgerufen am 19.10.2010, von `http://www.britannica.com/`.

Erlhofer, S. (2008). *Suchmaschinenoptimierung.* Bonn: Galileo Press.

Fent, T. (2000). Wissen gewinnen und gewinnen durch Wissen. *Adaptive Information Systems and Modelling in Economics and Management Science, 72.*

Gantz, J. F. (2007, März). *The Expanding Digital Universe - A Forecast of Worldwide Information Growth Through 2010.* Abgerufen am 19.10.2010, von `http://www.itseccity.de/?url=/content/markt/studien/070315_mar_stu_emc.html`.

Glossbrenner, A. & Glossbrenner, E. (2001). *Search Engines for the World Wide Web.* Berkeley: Peachpit Press.

Gottwald, S. (2009). *Die Wissensberechnungsmaschine Wolfram Alpha* (Bericht). Berlin-Dahlem: Konrad-Zuse-Zentrum für Informationstechnik Berlin.

Greifeneder, H. (2010). *Erfolgreiches Suchmaschinen-Marketing - Wie sie bei Google, Yahoo und MSN und co. ganz nach oben kommen.* Wiesbaden: Gabler Verlag.

Griesbaum, J., Ritterberger, M. & Bekavac, B. (2005). *The quest to find the best pages on the web* (Bericht). Konstanz: Faculty of Information Science, Universität Hildesheim.

Groff, T. R. & Jones, T. P. (2003). *Introduction to Knowledge Management: KM in Business.* Amsterdam: Butterworth Heine.

Gruber, T. R. (1993). Toward Principles for the Design of Ontologies - Used for Knowledge Sharing. *International Journal Human-Computer Studies, 43 (5-6),* 907 - 928.

Hartmann, W., Näf, M. & Schäuble, P. (2000). *Informationsbeschaffung im Internet - Grundlegende Konzepte verstehen und umsetzen.* Zürich: Orell Füssli.

Haruechaiyasak, C. (2007). *Text Mining: Techniques and Applications.* Abgerufen am 19.10.2010, von `http://203.144.225.124/add/add2/lectures/choochart-TextMining.pdf`.

Hotho, A., Nürnberger, A. & Paaß, G. (2005). A Brief Survey of Text Mining. *LDV Forum, 20(1),* 19-63.

Huber, H. (2005). Selbstlernende Suche - Ein Praxisprojekt. *Informatik Spekrum, 28(3),* 189-192.

Hübener, M. (2009). *Suchmaschinenoptimierung kompakt.* Leipzig: Springer.

Infopeople. (2009). *Best Search Tools Chart.* Abgerufen am 19.10.2010, von `http://www.infopeople.org/search/chart.html`.

Ipfelkofer, F., Lorenz, B. & Ohlbach, H. J. (2006). *Ontology Driven Visualisation of Maps with SVG – An Example for Semantic Programming* (Bericht). München: Institute for Informatics, Ludwig-Maximilians University.

Jansen, M. B., Spink, A. & Saracevic, T. (2007). Real Life, Real Users, and Real Needs: A Study and Analysis of User Queries on the Web. *Information Processing and Management, 36(2),* 207-227.

Jashapara, A. (2005). *Knowledge Management: an Integrated Approach.* Harlow: FT Prentice Hall.

Jessup, L. M. & Valacich, J. S. (2003). *Information Systems Today.* Upper Saddle River, NY: Prentice Hall.

Kremp, M. (2009). *Microsoft macht Bing.* Abgerufen am 19.10.2010, von `http://www.spiegel.de/netzwelt/web/0,1518,627466,00.html`.

Laudon, K. C. & Laudon, J. P. (2006). *Management Information Systems: Managing the dDigital Firm.* Upper Saddle River, NJ: Pearson Education International.

Lewandowski, D. (2005). Web Information Retrieval. *Information Services and Use, 56(2005)1,* 5-12.

Lewandowski, D. & Höchstötter, N. (2007). Qualitätsmessung bei Suchmaschinen - System- und nutzerbezogene Evaluationsmaße. *Informatik Spektrum, 30(2007)3,* 1-11.

Mandl, T. (2005). *The quest to find the best pages on the web* (Bericht). Hildesheim: Faculty of Information Science, Universität Hildesheim.

Mehler, A. & Wolff, C. (2005). Perspektiven und Positionen des Text Mining. *LDV Forum, 20,* 1-18.

Mobasher, B. & Anand, S. S. (2005). *Intelligent Techniques for Web Personalization.* Berlin, Heidelberg: Springer.

Neuberger, C. (2005). Funktionen, Probleme und Regulierung von Suchmaschinen im Internet. *International Review of Information Ethics, 3,* 1-25.

Notblue. (2008). *Suchmaschinen Top 10.* Abgerufen am 19.10.2010, von `http://www.suchmaschinen.notblue.de/suchmaschinen_top10.htm`.

Open Directory Project. (2002). *About the Open Directory Project.* Abgerufen am 24.10.2010, von `http://www.dmoz.org/about.html`.

Overture Services, Inc. (2010). *Altavista auf einen Blick.* Abgerufen am 24.10.2010, von `http://www.altavista.com/about/`.

Reichenberger, K. (2010). *Kompendium semantische Netze.* Berlin, Heidelberg: Springer.

Riemer, K. & Brüggemann, F. (2007). Personalisierung der Internetsuche - Lösungstechniken und Marktüberblick. *Wirtschaftsinformatik, 49 (2),* 116-126.

Rowley, J. (2007). The wisdom hierarchy: representations of the DIKW hierarchy. *Journal of Information Science, 33 (2),* 1-19.

Röhle, T. (2007). „Think of it first as an advertising system": Personalisierte Online-Suche als Datenlieferant des Marketings. *kommunikation@gesellschaft, 8(1),* 1-17.

Sack, H. (2010). Semantische Suche - Theorie und Praxis am Beispiel der Videosuchmaschine yovisto.com. *HDM - Praxis der Wirtschaftsinformatik, 271,* 13-25.

Schmaltz, R. (2004). *Semantic Web Technologien für das Wissensmanagement* (Bericht). Göttingen: Institut für Wirtschaftsinformatik.

Search Engine Watch. (2009). *Major Search Engines and Directories.* Abgerufen am 19.10.2010, von `http://searchenginewatch.com/2156221`.

Secret Search Engine Labs. (2010). *List of Search Engines - Top Search Engines in 2010.*

Abgerufen am 19.10.2010, von http://www.secretsearchenginelabs.com/list-of-search-engines.php.

Staab, S. (2001). *Semantic Web - Das Web der nächsten Generation* (Bericht). Karlsruhe: Institut AIFB, Universität Karlsruhe & Ontoprise GmbH.

Studer, R., Schnurr, H.-P. & Nierlich, A. (2001). *Semantisches Knowledge Retrieval* (Bericht). Karlsruhe: Institut AIFB, Universität Karlsruhe.

Suchfibel. (2009). *Wie findet man Informationen im Internet?* Abgerufen am 19.10.2010, von http://www.suchfibel.de/.

Webhits. (2009). *Web-Barometer.* Abgerufen am 19.10.2010, von http://www.webhits.de/deutsch/index.shtml?webstats.html.

Wolfram, S. (2009). *Wolfram—Alpha Is Coming!* Abgerufen am 22.10.2010, von http://blog.wolfram.com/2009/03/05/wolframalpha-is-coming/.

World Wide Web Consortium. (2007, Januar). *Semantic Web, and Other Technologies to Watch.* Abgerufen am 19.10.2010, von http://www.w3.org/2007/Talks/0130-sb-W3CTechSemWeb/#%2824%29.

yippy. (2010). *About Yippy Search.* Abgerufen am 19.10.2010, von http://search.yippy.com/about-yippy-search.

Zeit Online. (2010). *Schönes Zimmer, möglichst günstig.* Abgerufen am 22.10.2010, von http://www.zeit.de/reisen/2010-08/meta-suchmaschine.

Zerfaß, A. & Zimmermann, H. (2004). Usability von Internet-Angeboten. Grundlagen und Fallstudien. *Stuttgarter Beiträge zur Medienwirtschaft, 10*, 1-75.

A Suchbegriff "Positip VRZ 659"

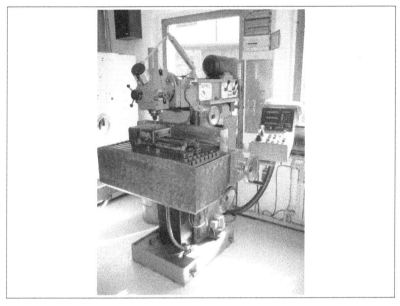

Abbildung 12: Fräsmaschine mit Steuerungseinheit "Positip VRZ 659"

B Auswahl der zu testenden Maschinen - Teil 1

Tabelle 2: Listen der besten Suchmaschinen

Secret Search Engine Labs	Infopeople	Suchfibel	notblue	SearchEngineWatch (28.3.07)	Weblits
Altavista	Google	Google	Google	Google	Google
Ask	Bing	Yahoo!	Altavista	Yahoo!	Yahoo!
Bing	Yahoo!	Bing	Lycos	Ask	Bing
Blekko	Ask	Ask	Web.de	AllTheWeb	T-online
Clusty	Ixquick	freenet	Yahoo!	AOL	Ask
Cuil	Clusty	T-online	allesKlar	HotBot	AOL
Dogpile	Internet Public Library	1&1	Abacho	Altavista	Web.de
Do Great Good	Google Directory	AOL	Fireball	Gigablast	Open Directory Project
DuckDuckGo	Infomine	Arcor	Acoon	Live Search	Ixquick
Entireweb		AllTheWeb	HotBot	LookSmart	gmx
Excite		Excite		Lycos	search.com
Faroo		Lycos		Netscape Search	Bing (MSN)
Gigablast		Open Directory Project		Open Directory Projekt	Altavista
Google		Snap			freenet
Hakia		Wolfram Alpha			allesKlar
ImHalal		Cuil			fireball
Leapfish		Clusty			bluewin
Lycos		Spezify			Arcor
Monster Crawler					Metager
Omgili					Lycos
Scrub The Web					Voila
Search Hippo					Metacrawler
Secret Search Engine Labs					
Spezify					
Stinky Teddy					
Stumpedia					
WayBackMachine					
Wolfram Alpha					
Yahoo!					

C Auswahl der zu testenden Maschinen - Teil 2

Tabelle 3: Maschinenstatistik

Maschinen	Anzahl	Maschinen	Anzahl
Abacho	2	Infomine	1
Acoon	1	Internet Public Library	1
allesKlar	2	Ixquick	2
AllTheWeb	2	Leapfish	1
Altavista	4	Live Search	1
AOL	2	LookSmart	1
Arcor	2	Lycos	5
Ask	5	Netscape Search	1
Bing	5	Metacrawler	1
Blekko	1	Metager	1
bluewin	1	Monster Crawler	1
Clusty	3	Omgili	1
Cuil	2	Scrub The Web	1
Dogpile	1	search.com	1
Do Great Good	1	Search Hippo	1
DuckDuckGo	1	Secret Search Engine Labs	1
Entireweb	1	Snap	1
Excite	2	Spezify	2
Faroo	1	Stinky Teddy	1
Fireball	2	Stumpedia	1
Freenet	2	T-online	2
Gigablast	2	Open Directory Project	3
gmx	1	Voila	1
Google	6	WayBackMachine	1
Google Directory	1	Web.de	2
Hakia	1	WolframAlpha	2
HotBot	2	Yahoo!	6
ImHalal	1	1&1	1

1

---

1. Die Maschinen mit den hervorgehobenen Zahlen (Anzahl größer als drei) wurden in die Case Study mit einbezogen.

D Gefundene Antworten zur ersten Testfrage

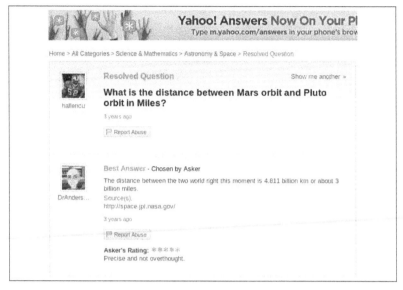

Abbildung 13: http://answers.yahoo.com/question/index?qid=20070902161031AA4vKY5

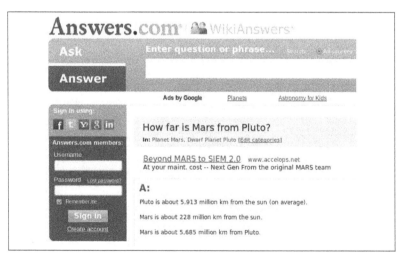

Abbildung 14: http://wiki.answers.com/Q/How_far_is_Mars_from_Pluto

E Gefundene Antworten zur zweiten Testfrage

Abbildung 15: http://www.care2.com/greenliving/11-most-popular-apple-varieties.html

Abbildung 16: http://wiki.answers.com/Q/Which_apple_is_the_most_popular

F Gefundene Antworten zur dritten Testfrage

Abbildung 17: http://www.milesfaster.co.uk/postcodes/london-eye-hotels.htm

Abbildung 18: http://www.hotelplanner.com/Hotels/2315-NEAR-London-Eye

Abbildung 19: http://maps.google.com/

Abbildung 20: http://www.tvtrip.com/hotels-near-Other-landscape+35-geo/London-Eye